杜帅 著

房市

山东人民出版社·济南

国家一级出版社 全国百佳图书出版单位

图书在版编目（CIP）数据

房市/杜帅著.--济南：山东人民出版社，2018.11
ISBN 978-7-209-11547-6

Ⅰ．①房… Ⅱ．①杜… Ⅲ．①房地产市场-研究-
中国 Ⅳ．①F299.233.5

中国版本图书馆CIP数据核字(2018)第159122号

房 市

FANGSHI

杜帅 著

主管部门 山东出版传媒股份有限公司
出版发行 山东人民出版社
出 版 人 胡长青
社　　址 济南市英雄山路165号
邮　　编 250002
电　　话 总编室 (0531) 82098914
　　　　　市场部 (0531) 82098027
网　　址 http://www.sd-book.com.cn
印　　装 山东省东营市新华印刷厂
经　　销 新华书店

规　　格 16开 (169mm×239mm)
印　　张 16
字　　数 210千字
版　　次 2018年11月第1版
印　　次 2018年11月第1次
印　　数 1-5000
ISBN 978-7-209-11547-6
定　　价 38.00元
　　　　　如有印装质量问题，请与出版社总编室联系调换。

非常感谢好友们对拙作的大力支持，深表荣幸，下面把部分文体、曲艺、主持、书法艺术界等好友的推荐语摘录如下：（排名不分先后）

叶檀
知名财经评论家、财经专栏作家、叶檀财经创始人、华鑫股份首席经济学家

每栋高楼，每间房屋，都是每座城市生命的缩影。钢筋水泥困局中的我们，如何安身立命？如何在雾里看花的房市中趋利避害？读读《房市》这本书，金融学博士后杜帅有多年房地产开发的经验和深厚的金融学知识，让人学会挑房、买房，积累财富，非常接地气。《房市》如一道光，照亮前方。

陈铎
中央电视台著名节目主持人

随着我国经济的发展，房地产业崛起，出现了房地产市场——房市。围绕着房地产市场，必有许多现象、观点、态度、立场和情感。不妨翻翻杜帅写的《房市》，相信你会从中找到感兴趣的内容。

陈寒柏
著名相声演员、艺术家

财富需要积累，房子是财富的重要组成部分，想要住上满意的房子，想要聪明地积累财富，不妨看看《房市》。杜帅是一位房产专家，在他的启示下，你一定会豁然开朗。

陈梦
国家乒乓球队世界冠军

在训练中，我挥洒汗水；在赛场上，我为国争光；在生活里，我则喜欢安静读书，细品香茗。杜帅的《房市》，可以让我找到安心之所，让我们一起去迎接生活的美好。

高莉
中央人民广播电台经济之声主持人

声音让我的世界充满生机，而语言是这世上最美的音符。杜帅的《房市》正是用简单而不失优雅的语言，为我们剖析了房产的本质，让我们相信生活原本就是一曲动人的交响乐。

庞中华
著名书法家、教育家

每个行业之间都有相通的规律和道理，房地产跟书法也是相通的，行云流水，如云卷云舒。杜帅的房地产专著《房市》便是如此，相信大家会从书里找到满意的答案。

奇志
著名相声演员、艺术家

我跟杜帅是好朋友，他在房地产经营方面有独到之处，他经营房地产多年的经验之作《房市》别有洞天，朋友们读后一定会有所发现。记住喽，《房市》一定要看啊！

王洁实
著名歌唱家、艺术家、《外婆的澎湖湾》演唱者

海子曾说过面朝大海，春暖花开；而处于城市中的你我，唯有家才是内心的宁静之处。相信杜帅的《房市》一定能够让你找到满意的安居之所，和家人一同构建一个温馨幸福的港湾。

伍洲彤
著名主持人、乐评人

房地产的起伏，好似乐曲，起承转合，跌宕层叠，杜帅的这本书让我看到了房地产起伏的不同乐章，也让我们明白了简简单单的一套房子居然还有那么多学问。

汪正正
著名歌手、《超越梦想》演唱者

好男儿志在四方，但一定要有一个属于自己的温暖的家。杜帅最近写了一本书叫《房市》，这本书会帮你找到你所喜爱的房子，也会帮你构筑一个温暖的家。祝愿《房市》能够得到大家的认可，同时希望杜帅能写出更多更好的作品。

杨臣刚
著名歌手、音乐制作人

音乐如同我的灵魂，不管人生有多少风雨，我们都会互相陪伴；而房子可为我们遮风挡雨。在万千房屋中，杜帅的《房市》一定可以让你不再迷茫，找寻到属于你的那一处安居之所。

张媛
上海电视台第一财经频道主持人

安居乐业关乎国计民生，房地产作为支柱产业之一，无论购房源自居住需求还是投资需求，房子都是个令人总有话说，但似乎又总说不清楚的话题。在日常工作中，无论是节目选题还是各种经济论坛，房地产都是一个备受关注的话题，人们尝试通过各种权威人士之口，找到最适合自己做决策的论据和答案。

《房市》通读下来十分酣畅，好像一个值得信赖的朋友坐在身边，他既懂得房地产的专业知识，熟知各类房子的历史沿革、特色优劣；又有深刻的金融见解，洞悉各类买房群体的心理，从行为心理学角度出发，为购房群体仔细梳理决策脉络。《房市》还相当与时俱进，最新的政策动向以及全国各地主要房地产市场的现状都在书中佐以详尽的梳理，手把手教你如果决策买房以及避免入坑。

序

看楼市"起起伏伏，温柔的曲线，放马爱的中原，那北国和江南"。

的确，房价不会永远上涨，楼市也有自己独特的运行规律和发展轨迹。很多朋友一直问我：要不要买房？应该买什么样的房子？应该在哪里买房？有些朋友拿着几百万元甚至上千万元投资楼市，结果血本无归。有人向我抱怨，凭什么别人都能在房地产市场中赚到钱，而他却不能。每当此时，我都不禁感慨：踩准房地产市场的节奏很重要，一定要知道什么时候出手买房利润才会最大，买什么样的房子脱手速度才会最快……这些考验的都是购房者的专业技术水平。然而，许多人在买房时都是跟着感觉走，并没有仔细研究市场，分析行情。这是许多人在楼市中基本挣不到钱的根本原因。

不论是在"中原、北国还是江南"，楼市都有其独特的运行规律。不同地方的房地产市场有不同的特色，投资者要因地制宜。每个时代都有每个时代特有的故事。坊间流传着一则经典案例：1992年，一个老翁以18万元人民币的价格，卖掉了自己在北京的唯一房产，去美国淘金，风餐露宿，通过不懈努力，年逾花甲时终于实现了资产升值，将18万元人民币变成了100万美元；"乡音无改鬓毛衰"，老人衣锦还乡，本想找个本地老太太共度余生，但是回到北京才发现，当初卖掉的房子已经涨到了几千万元，于是悔不当初，慨叹生不逢时。这种例子比比皆是。我的一个朋友原来家中有3套位于北京后海的四合院，1993年时，按市价3万元一套卖掉了。现在他在西安定居，虽说日子过得还算富裕，可每次提到北京四合院几个字时，从他的脸上还可以看出些许后悔与无奈。

中国楼市真正兴起于20世纪90年代初，当时人们还没有房子的概念，认为居者有其屋便可，也不懂什么是投资品。随着时代的发展，人们的观念发生转变，手中的资金逐渐增多，理财产品也层出不穷，如存款、基金、债券、股票等，房产也从消费品逐渐变成了投资品。2008年以后，中国房地产市场的增值加速，一轮轮的高价地王，一次次的政策利好、货币超发、通货膨胀以及中国民众"安土重迁"的传统观念等因素刺激着中国房地产市场一直向前发展。

然而，房地产会一直这样不断地发展下去吗？房地产行业真的可以源源不断地发展，一直有人接盘吗？真的是像市场上各种专家说的那样"房地产永远会涨"，还是说"房产会成为最不值钱的东西"？房地产税对房子会有影响吗？到底在哪里买房好？哪里的房子是以后有人接手的硬通货？针对这些问题，我将通过自己在地产行业多年的理论研究和实战经验，为大家做一个总结。看完这本书，我相信许多人都会解开自己心中的疑惑，做到心中有数。人人都有可能成为地产行业的专家，原来搞懂搞透房地产并不是那么难，大家去售楼处的时候再也不会像个外行了。

目　录

宏观大论：中国特色社会主义，中国特色的房地产

中国的房地产市场化程度还比较低，房地产金融不发达。中国房地产市场的供给端和需求端都会受到政府政策的影响和调控。政府的政策调控是中国房地产市场必不可少的一环，是中国房地产市场保持稳定的关键。

中国房产的价格不是完全由市场来决定的，政府的调控起到了很大的作用。影响中国房地产市场的因素主要有四个：国家基本制度、宏观经济政策、微观经济政策、市场中的供求关系。中国政府对房地产调控的本质是通过宏观经济政策和微观经济政策的共同作用，用"看得见的手"及时调整市场供求，优化资源配置，稳定市场，稳定价格。

要研究中国的房地产市场，除了研究中国经济发展和政府政

策之外，还需要了解中国的国情。了解国情是关键，国情才是决定资产价格最核心、最重要的因素，而国运则决定了中国房地产发展的趋势和走向。

微观小论：购房者需要具备的基本素质

应该买什么样的房子

关注当地的入学政策以及学校自己的"土政策"，仔细研究后，方可购买。

踩准房地产节奏，做好高抛低吸

热点城市地产状况分析

宏观大论：中国特色社会主义，中国特色的房地产中国的"房地产市场"概念于1978年后提出。在此之前，国家实行计划经济体制，住房完全由国家分配。1978年后，伴随着中国进行经济体制改革，房地产业迎来了史无前例的巨大机遇期，经过几十年的发展，逐渐成为中国的支柱产业之一。房产对于普通大众来说不仅仅是住所，而且逐渐成了投资品，是人们资产和财富的重要体现。

中国是社会主义国家，走中国特色社会主义道路，实行中国特色社会主义市场经济，其发展同别国有着明显的区别。因此，房地产投资要充分了解具有中国特色的房地产业，要把握好宏观趋势，并着眼于微观变化。

特别需要说明一点，本书主要论述怎么投资房产、应该买什么样的房子、在什么时候买房等问题，意在让大家踩准房地产市场的节奏，以有限的资金使自己的资产最大化，并且快速有效地改善居住条件；而不是鼓励大家炒房，也不是让大家在房地产市场中频繁地进行短线操作。因为进行短线操作不仅手续繁杂，而且交易成本也很大，大家还不如一直持有优质资产。本书就是要教大家如何辨别好房子及怎么买到好房子。

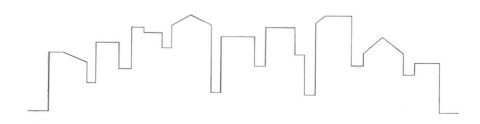

第一章

中国的房地产市场是不完全市场

初看这个标题，大家可能会不禁一问，难道中国的房地产市场化程度还不完全吗？或许，在大多数人的印象中，中国房地产的市场化程度还是很高的。一是商品房已兴起多年，人们想要拥有住房，基本上都要在市场上购买；二是无论政府还是国企，如今都已不再分配住房。之前分配的六批福利住房，房主在缴纳土地出让金后，便拥有了房子的完整产权，也可以在市场上自由买卖。像经济保障房之类的政策性住房，在满足一定条件的情况下，房主可以上市交易，还可以根据市场的供求关系，定出合理的价格。

以上情况，似乎说明中国的房产不仅可以自由交易，而且价格也是根据市场供求关系自发形成的。看上去好似一个完全的市场，其实不然，仔细深入地分析后，我们发现中国房地产的市场化程度还不高。要做好房地产投资，首先必须认清市场，而了解中国房地产的市场化程度是第一步。

市场化程度是指市场在资源配置中所起作用的程度。中国房地产的市场化程度比较低，主要体现在以下几个方面：

一、中国房地产市场的供给端受政策影响较大

中国房地产市场的供给主要是土地供给。中国的土地政策从新中国成立初期至今经历了多个阶段。1950年，《中华人民共和国土地改革法》颁布，规定实行农民的土地所有制，土地归农民所有。1956年底，农业社会主义改造完成后，农民土地私有制变为土地集体所有制。随着人民公社的兴起，1958年至1978年，农民所有的土地都无偿归公社所有，人民公社对土地进行统一规划、统一生产、统一管理，实行平均主义的按劳分配。改革开放后，中国实行家庭联产承包责任制，土地所有权归集体所有，农民享有经营权。

中国的房地产企业获得土地只是取得土地的使用权。房地产商取得土地的方式有多种。在20世纪90年代，主要有划拨和协议出让两种方式。划拨是指房地产企业或机关单位在缴纳一定补偿或安置费用后便可取得土地，或是有关单位直接划拨，不需缴纳任何费用。协议出让是指政府的代表与地产商进行谈判，协商出让土地的价格以及如何使用等有关事宜，出让金不得低于国家规定的最低价。2004年，为了规范经营性用地，国家规定：自2004年8月31日后，中国所有经营性用地的出让全部实行招拍挂制度，即所谓的"831"大限。

新中国成立初期土地归农民个人所有，是发展农业的需要，能拥有一块属于自己的土地，是农民世世代代的愿望，通过这个举措

可以提高中国农民的积极性，在最短的时间内增强中国国力。但是，随着中国逐渐从农业大国转变为二业大国，土地收归公有是必然的，因为中国是社会主义国家，土地又是国家的根本。

中国人对房子有着很深的执念，如果有足够的经济实力，哪怕钱只够付首付，大家也肯定会买房。如果在土地私有化的情况下，中国的房地产市场可能会百花齐放、欣欣向荣，但更易出现房地产寡头。寡头掌握着大量的土地，而中国又人口众多，对房产的需求旺盛，房价定会被不断炒高，市场可能会由此失控，从而爆发严重的经济危机。

要知道，中国所有经济政策的核心是稳增长，也就是说，首先要稳定，在稳定的基础上，再进一步地提升，因此中国的土地一定要掌握在国家手中，如此才能最大限度地保证中国房地产市场的稳定运行，规避不可预知的风险。

但是土地供给被政府垄断也有弊端：房地产商对土地仅有使用权，导致土地价格不可能完全由市场来定价；政府毕竟不是市场，不可能预知市场最真实的需求，如果土地供给量减少，那么土地价格就会上涨，房产价格更会成倍增长。

由上述分析可知，土地供给是影响中国房价最重要的因素之一。在需求一定的情况下，城市土地供给量越大，房价越低。因此在分析房价时，市场供需是关键，一定不要人云亦云，盲目跟风，要仔细分析，看清市场，积累经验，从而踩准市场的节奏。

二、中国房地产市场的需求端受政策影响大

中国的房地产业和国外最大的一点区别就是，中国房地产受政

策影响程度较大。

中国政府对房地产市场的需求端主要实行两个政策：一个是限购，包括限定购房者的购房资质和购房套数；另一个是提高首付比例。这两个针对需求端的政策虽然可以很好地抑制投资需求，但也抑制了市场上很大一部分真实的购房需求，让很多有资金想买房子的人买不上房子。政府用政策手段强制性地减少需求，房价自然会有所下跌，但下跌的幅度不会太大，在短期内可以达到供求平衡的状态。从长期来看，真实需求是无法被控制的，房价一定会被刚需推动，从而由跌转涨。中国房地产市场的限购政策在一线城市实施得最为严厉，因此一线城市的真实购房需求其实都处于一种被压制的状态。在这种情况下，虽然这些一线城市的房价看上去已经很高了，但房价并没有被高估，不存在多少泡沫。

中国的房地产业毕竟进入了市场化阶段，政府政策对市场的影响也只是暂时的，在市场供求关系的推动下，房产价格最终还是会大致按照市场的规律运行，真实的购房需求是压制不住的，因此在中国一线城市买房一定是保值抗通胀的最好办法。对于一线城市来说，政府出台政策调控致使房价下行的时期，便是入手房产的好时机，万万不可等到真实需求再次爆发再去购房。

三、中国房地产金融不发达

目前，中国房地产企业融资的主要渠道还是以土地抵押向银行贷款来取得资金；而普通人想买房投资也只能利用银行贷款。对于房地产开发商来说，融资渠道过窄，受政策影响较大，银行也只是给开发商提供贷款服务，并没有针对房地产企业设计多样化的融资产品供其选择。对于普通人来说，进行房产投资的一次性投入较多，风险较大，手续繁琐，中国市场上并没有类似国外房地产信托投资基金（REITs）一样的产品供投资人选择。

其实，不是中国的房地产金融不发达，而是中国的房地产金融不能发达。因为房地产金融作为工具只是为了促进房地产业的发展，是房地产业的衍生品。中国房地产市场还处于发展阶段，没有完全市场化，远没有成熟，因此房地产金融理应和房地产业的发展相匹配，逐渐发展完善。

例如，大家津津乐道的REITs，其实早在2007年时中国就颁布了一些REITs产品的相关条例，10多年过去了，真正的REITs产品却没有在中国发展起来，而市场上一些所谓的"REITs"，大多也是伪REITs产品，是房地产项目融资产品。真正的REITs，是指投资房地产并获得其所有权，通过从事房地产经营或租赁而获得盈利分红；另一种REITs，是指投资房地产抵押贷款，以房地产贷款利息作为其收益。真正的REITs必须包含三点：第一，基础资产必须是物业本身的产权或房屋抵押贷款；第二，必须将基础资产装入SPV进行风险隔离；第三，具有公募性质，可以在市场上买卖。

而真正的REITs在如今的中国市场上基本是不可能出现的，因为REITs本身就是一个已经成熟的房地产市场才有的产物，是城市化进程基本完成和房地产市场基本饱和的产品。如果真正的REITs产品在中国出现，想必很多人都会把手里闲散的资金投向REITs。房地产市场比股票稳定，又比债券收益高，本身在股市或债市里的资金可能也会流向REITs。手握大量资金的基金公司此时肯定会购买优质的物业公司并经营，从而产生红利分配给投资人。这样一来，大量资金流入房地产业，必将进一步推高房价，形成巨大的房地产泡沫。

因此，REITs产品本身就和中国当前的国情不符，发展不起来也是理所当然的。另外，中国的户籍政策、限购限价政策、房地产交易流程以及税收政策等，都使得REITs在当今的中国不会有太大发展。

以REITs为例，一方面是想让大家对这个产品有一些更加深刻的认识，另一方面是想说明中国的房地产金融市场是为房地产市场服务的，这两者的发展应该是协同的、相互促进的，不可套用国外的产品和政策。中国的房地产市场有自己独特的运行规律，投资者可以参考国外的产品和政策，但拿来主义绝对行不通。同时，在思考房地产问题时一定要深入，既不要只看表面现象，也不要用好坏进行简单评价，而是要看到问题背后深层次的原因。看到事物的两面性，看到政府政策背后的逻辑，才能更好地把握好房地产市场的节奏。

四、中国房地产市场的发展程度不完全对房价的影响

从供给层面来看，因为中国土地由国家垄断，所以中国的土地价格并没有市场化。近年来，中国的城市不断扩张，基础设施建设规模不断扩大，地方政府财政吃紧，卖地便成了地方政府获得财政收入的主要方式之一，进而导致土地价格大涨。

大家普遍认为房地产业是暴利行业，房地产商才是房价高涨的主要推手，其实这种观念是错误的。

1.房地产商的暴利并不来源于高房价

房地产商获利主要来自两个方面：一是合理地利用金融杠杆；

二是增强资金的流动性，让有限的资金在最短的时间内赚取最大利润，从而实现资金的快速积累。房地产商从事房地产开发，用的钱基本上不是自己的资金而是银行贷款，其资金成本所占比例平均每年都在7%—10%，如果从信托等机构募集资金，那资金成本所占比例则高达15%—20%。因此，房地产商的开发成本除了必须支付的地价和建筑成本之外，还有资金成本、人工成本、管理成本等隐性成本，所以其真正的利润空间不大。

房地产商的资金能快速积累起来，最重要的是不断利用金融杠杆，不断开发房地产项目并快速销售，再快速开发另一个项目，使资金的流动性增强以获取更多利润。相同的资金，如果流动性可以增加一倍，那么利润相应也会增加一倍左右。

2.土地的紧缺和地价的上涨才是推动房子价格上涨的主要动力

其实，房地产商的其他成本，如建筑成本、材料成本、资金成本等，大多比较固定，价格一般不会出现大幅度地上涨。但是近年来，地方财政吃紧，各地频频出现地王，特别是在一线城市，情况尤其突出。在建设用地日渐减少的情况下，北京、上海的地价不断创下新高。随着地价的上涨，房地产企业的成本也随之增加，这些成本最后都会转移到消费者的身上。

还需注意的一点，有些房地产开发商虽然有囤地行为，以较低的价格购入土地，房子建好后却以如今的价格销售，看似暴利其实不然。因为房地产商还会开发下一个楼盘，购买下一块土地时，要以如今的价格来购买，其多余的盈利基本上都会转化为下一个项目的成本。

例如，用于开发A楼盘的土地是某开发商三年前买下的，当时的地价是5000元/m²，当时房子的售价是8000元/m²，如果不算其他成本，开发商赚取的利润是3000元/m²。如果现在开发，开发商按当前价格销售，售价为12000元/m²，而非当初的8000元/m²，看似开发商每平方米赚取的利润高达7000元，可谓暴利。但是开发商还要继续买地，如果现在的地价是10000元/m²，那么开发商买了新地之后的利润，就只剩下2000元/m²了，比之前的利润还要少。

2017年底至2018年初，北京好几块住宅用地竟然都有流拍的情况发生，究其主要原因还是政府没有及时调整政策。一方面政府对房地产商所建的新楼盘实施限价，另一方面地价却迟迟不降。前文也提到过，中国的房地产市场必须要有政府介入才能保持稳定，可政府介入后的一个弊端就是：政府不是市场，很难精准调控，并且有时要等到市场出现相应信号后才会调控，调控具有滞后性。

中国的房地产市场化程度还比较低，其供给端和需求端都会受到政府政策的影响和调控。政府的政策调控有利于稳定中国的房地产市场。同时，政策对于房价的短期走势也有着重大影响，因此投资者如果想要买到好房子，就要把政策研究透，而要想看清中国的房地产政策，关键要了解中国房地产调控的本质。

第二章

中国房地产调控的本质

中国的房地产市场和其他国家的房地产市场最显著的区别是：中国房产的价格不是完全由市场来决定的，政府的调控起到了很大的作用。影响中国的房地产市场的因素主要有四个：国家基本制度、宏观经济政策、微观经济政策、市场中的供求关系。

一、国家基本制度

国家基本制度主要包括土地制度和户籍制度，这是中国的长期制度，短期内不会改变，因此国家基本制度对房屋短期价格的影响较小。

二、宏观经济政策

中国的宏观经济政策三要是由中国的国情决定的，其核心是稳中求进，防范风险，制定符合中国当前经济发展的货币政策和财政政策。这些政策的出台，可以调整国民经济的短期运行状态，使总需求和总供给达到平衡。

三、微观经济政策

微观经济政策是直接作用于房地产市场的政策，是对房地产市场的直接调控，其核心也是追求稳健。2017年，中国很多城市的房价大幅上涨，大多数城市也出台了比较严格的微观经济政策，包括限贷、限购、限价、限卖等。非京籍人士在北京购房必须具有连续五年的纳税记录或社保记录，各地政府限制开发商的开盘价格等，都属于微观经济政策。微观经济政策主要是通过影响市场的需求，从而影响房产的价格。

四、市场中的供求关系

市场中的供求关系是指中国的土地供给和购房需求之间的关系。中国房地产的土地供给完全由政府掌控，而政府在一定程度上也可以调控需求，但是政府只能做到抑制投机和调控刚需，无法压制真正的购房需求。所以，在中国的房地产市场中，分析供求关系时一定要注意结合政策，只有看清楚政策调控的方向才能更好地判断未来一段时间房产价格的变化趋势。

中国房地产市场受上述四个因素共同影响，而中国政府对房地产调控的本质是通过宏观经济政策和微观经济政策的共同作用，用"看得见的手"及时调整市场供求关系，优化资源配置，稳定市场，稳定价格。

中国的宏观经济政策主要包括货币政策和财政政策。简单地说，货币政策就是通过调节市场中的货币供给量来影响市场。如果市场中的货币供给量较大，那么物价便会上涨，房价也会随之上涨；相反，如果市场中的货币供给量减少，货币流动性不足，物价和房价都会有所下跌。财政政策主要是通过税收来调控市场。在房地产市场中，购买新房和二手房需要缴纳的税种和税费都是不同的。购买新房主要缴纳的是契税，每个地区的契税有所不同；而购买二手房需要缴纳的税种比较多，主要有契税、印花税、个人所得税等。从对房地产市场的征税示准可以看出，中国对二手房交易控制得比较严格，目的就是为了增加二手房的交易成本，抑制投机，抑制炒房。

在分析中国房地产市场时，要再次明确中国宏观经济政策的核心是稳中求进，因此在房价大幅上涨时，政府为了维持经济健康稳定地发展肯定会调控，从而抑制全民炒房；另外，还要观察市场氛围，看市场处于宽松状态还是紧缩状态。以北京为例，2017年4月后，北京的房地产市场受到政策影响一度处于逐渐紧缩状态。市场一旦紧缩，房产的价格也会随之下降；相反，如果市场处于宽松状态，如货币政策放宽、市场资金流动性增强、银行贷款放松等信号出现时，一般是需求量即将增加的信号，在分析房地产市场时一定要予以注意。

微观经济政策主要指政府作用在房地产市场中的具体政策。宏观经济政策影响的是整个市场的大环境，而微观经济政策更能直接影响供求，从而影响房产价格。下面我们以北京为例，为大家详细分析微观经济政策对市场供求产生的影响。

2009年后，北京的房价共有三次明显上涨。第一次是从2009年1月开始的，一直到2010年5月，北京的房价上涨的趋势才得以抑制。在此期间，北京的房产均价从2009年的12075元/m²飞涨到2010年5月的25012元/m²，仅一年多的时间，北京的房价就涨了一倍多。

2010年5月，北京市颁布了第一个限购政策，即北京人俗称的"十二条"，具体内容包括：购房者以家庭为单位购买住房，90平方米以内，首套房贷款首付比例不得低于30%，二套房贷款首付比例不得低于50%；非北京籍人士在北京购房需满足连续五年缴纳社保，并且只能购买一套，而北京籍人士最多可以购买两套住房。"十二条"颁布以后，房产需求量明显下降，房价逐渐稳定下来。2010年5月后，北京房价虽然也有波动，但是均价都稳定在25000元/m²左右。之后几年，北京的房价上涨态势均比较平稳，直到2012年北京房产均价还在30000元/m²左右。

第二次上涨是在2013年，当时北京的房价一度达到40000元/m²，2014年至2015年，北京的房价比较平稳，稳定在40000元/m²左右。2013年北京的房价大幅上涨和北京土地供给减少有关，同时北京市在2010年颁布的限购政策也压制了一部分真实的购房需求。但是总的来说，这次北京房价的上涨相对比较合理，涨幅在30%左右，并没有出现暴涨，而且房价很快就恢复稳定，因此政府并没有出台相应的调控政策。

第三次上涨是在2016年初至2017年4月。在此期间，北京的房产均价，从39620元/m²上涨到61613元/m²，涨幅直逼一倍，市场几近疯狂。这时，政府颁布了更为严格的限购政策，限购政策颁布之后需求量减少，房价开始下跌，但是下跌幅度远没有上涨幅度大。

这次北京的房价上涨，开始是由于需求量过大，到了后期，市场失去了理性，大家都在利用金融杠杆和各种手段买房，此时就需要政府的调控，让价格回归正常，让市场回归理性。

从北京2009年至2016年的房价变化，可以看出以下几点：

1. 房价上涨过快时，政府一定会出台相应的政策来抑制房价持续上涨

在2009年和2016年，北京的房价都经历过大幅上涨。而每当房价持续上涨时，政府一定会通过限购、限价等政策来抑制房价持续快速上涨，抑制市场的狂热气氛，让市场回归理性。

2. 房价大幅上涨过后，都会出现缓和下跌

在2009年和2016年，北京的房地产市场经过政府调控之后，房价上涨的趋势得到了有效抑制，还出现了一些下跌，但是下跌幅度不大。

3. 政府的微观调控一是通过限贷、限价等措施限制投机需求，二是通过限购来延迟购买需求

政府的调控不是万能的，政策并不能消除市场的真实需求，这部分需求会在将来爆发，再次推动房价上涨。政府的调控只能做到稳定房价，破除泡沫，但是不能消除市场本身的刚性需求，只能保证市场更加健康稳定地发展。

我们从上述分析中也可以看出，中国政府调控的本质是稳定房地产市场，而不是抑制房地产市场，要相信政府有调控价格异常波动的能力。但是政府并不能让房价大幅下降，使人人都买得起房

子。因此，大家一定要看清中国房地产调控的本质，知道政府的调控并不会使得房价大跌，只是通过暂时调节供需，抑制市场的投机行为和价格的异常波动，以维持稳定的价格。

在具体购房时，购房者一定要看清市场的现状。中国2016年至2017年的房价暴涨就是很好的例子，在房价暴涨的后期，市场显然已不是一个理性的市场，如同2015年的中国股市一样，大家都疯狂入市，市场充斥着投机行为。

不管房市还是股市，但凡有投资经验的人，一定不会在那时入市。因为市场投机气氛较重时说明泡沫已经产生，政府一定会通过强有力的政策把市场调控回正常水平，如果投资者在这个节点入市，就很容易被套牢在高点。

在中国的房地产市场中，国家调控和政策因素起着至关重要的作用，对房地产市场有着很大的影响。或许，很多人认为中国的房地产市场发展程度较低是政府介入过多导致的，要使中国房地产市场健康发展必须减少政府介入。

但事实上，这种观点是错误的，中国的房地产市场如今还能稳定向上发展很大程度上都是政府的功劳。政府政策的制定都是由中国国情决定的，大家想弄懂政府的调控思路和政策方向就必须深入地了解中国国情。

第三章

中国房地产买的是国情、国运

　　中国的房地产市场在供给端和需求端受政策的影响较大，发展不完全，这是由中国特殊的国情造成的。因此，大家在研究中国的房地产市场时，除了要研究中国的经济发展和政府政策外，还需要深入地了解中国的国情。了解国情是关键，国情才是决定资产价格最核心、最重要的因素，而国运则决定了中国房地产发展的趋势和走向。

　　第一，国情决定了政府政策。中国是社会主义国家，实行中国特色的社会主义市场经济。表面上看，中国的城市建设和国外没什么太大不同，都是建高楼，扩道路。但其内核却有着极大的区别，中国追求的是共同富裕，是全民小康。这就决定了中国不会像日本、美国等国一样只有几个非常繁荣的经济圈，人们围绕经济圈生活，并且贫富差距过大。中国政府是要让全国各个地区均衡发展，人口比例均衡，贫富差距缩小，实现共同富裕，因此政府的政策多是围绕此国情来制定的，要保证最大限度的公平和稳定。

第二，中国在世界中的政治经济地位越高，国家发展越好，国运越发昌盛，中国的房地产市场越欣欣向荣，房价便会随之走高。一旦国家有所衰弱，经济疲弱就有可能导致房地产市场萧条。因此，国情、国运才是决定房价的内在因素。

接下来，我们看看中国目前的国情，其主要体现在以下几个方面：

一、中国人口数量庞大，这是中国最大的国情，也是中国同其他国家最大的不同之处

世界上共有190多个国家，据2017年的统计数据显示，世界上人口超过1亿的国家仅有13个，大部分国家的人口只有几千万甚至几百万人。同中国面积相当的美国，人口只有3.2亿左右，加拿大的人口只有3500万左右，而中国首都北京的常住人口就有2700万—2800万，中国的总人口更是接近14亿。中美两国土地面积相当，如果美国也有14亿人口，那么美国肯定不是现在这个样子，政府的运行机制肯定和现在大有不同。

很多经济学的著作里假设市场是完全理性的，但是我认为市场只在一定程度上是理性的，很多时候并不理性。例如，1991年日本房地产市场崩盘、2008年美国的经济危机，均是市场不理性的表现。市场是由个人组成的，每个人的经济活动共同构成了市场。虽然如今全球经济一体化了，全球成为一个大市场，但是对于房地产市场而言，跨国购买毕竟还是少数，各国的房地产市场

目前还是比较独立的。中国共有近14亿人口，大部分人有住房需求，拥有庞大的房地产市场。如果完全按照市场规律运行，中国的房地产市场如此之大，早就引发经济危机了，这是经济市场化的必然产物。但是中国的房地产市场这么多年一次经济危机都未出现，应归因于政府的及时调控。近年来，大家更深有体会：股市、房市暴涨时，哪一次不是政府的调控才稳定住了市场，稳定住了经济。

中国人口数量庞大，想管理和调控好中国的市场是非常困难的，就好比一个家庭只有一个孩子，而另外一个家庭有十四个孩子，有十四个孩子的家庭在管理上肯定有着诸多困难。因此，由于人口基数不同，大家不要轻易地拿国外的政策同中国的政策相比较。中国要快速崛起，实现各地区协同发展，缩小贫富差距，离不开一个强有力的政府，离不开强有力的政策和政府强有力的推行。

根据以上分析，中国房地产业深受政府政策影响也就不难理解了。给大家讲这个道理，一是要让大家明白在中国没有政府的政策调控是万万不可的；二是明白只有深刻了解中国国情和政府政策背后的逻辑，才能更好地踩准房地产市场的节奏。只有站在政府的角度掌握好中国的国情和总体发展，才能在微观上更加明晰房地产市场的未来走势，以取得更好的投资机会。

二、中国人均资源匮乏，不可利用土地较多，地区发展不平衡

中国国土面积大不代表可利用土地就多，很大一部分是高山和荒漠等不可利用的土地。除此之外，中国的人均资源也比较匮乏，不仅人均水资源、石油资源匮乏，人均矿产资源也比较匮乏。很多

建设房地产需要的资源要从国外进口。这就决定了中国必须走资源节约型道路，房地产更不可能像国外一样，一家人就有一栋小楼。因此，高楼大厦成了中国大多数城市的标配。

受改革开放影响，中国实行的是先富带动后富的政策，再加上地理优势以及全球经济一体化的带动，东部沿海地区发展较为迅速，中西部地区发展较为缓慢，进而使中国地区发展不平衡，东西部发展差距较大。中国长远的政策目标是实现全面的小康，平衡各区域之间的发展。先发展东部地区和重点区域，只是为了快速振兴中国经济，并不是说中国政府不发展中部和西部区域。相反，中国政府必然不会让东西部省份之间差距过大。因为如果地区发展极不平衡，人口必定都会向发达地区聚集，但中国人口基数较大，发达地区显然承受不住如此众多的人口；而相对不发达的地区因人口流失则会更加萧条。这明显不利于中国发展，会导致发达地区的人民居住条件变差，生活成本增加，而不发达地区由于经济落后人民生活水平也不会提高。

因此，实现各地区均衡发展是中国政策的一大核心。房地产政策亦遵循这个道理，所以限制一线城市和沿海城市的人口规模是必然的。而限制人口规模最好的方式，一是限制购房，二是发展新兴城市，转移一部分发达城市的产业，使得人口得以自动迁移，缓解大城市的压力。这个政策逻辑是长期的，是由中国国情决定的。但是需要提醒大家的是，为使中国各地区均衡发展，政府控制发达城市的人口不代表发达地区的购房需求也可以被控制。

三、中国城市化还处于不断推进中

中国已经基本实现了农业国向工业国的转变，目前从事农业劳动的人口已经没有那么多，从农业劳动中解放出来的剩余劳动力自然要向城市转移。农业人口会逐渐迁往附近的城镇，因此中国三四线城市的房地产市场还有很大的潜在需求。由于购买群体经济实力较弱，三四线城市房子存量也较多，地价相对便宜，所以房价大幅上涨的可能性不大，缺乏上涨的动力。而原本三四线城市的人口会向大城市聚集，很多有经济实力的人也会向发达城市集中。因此，中国一二线发达城市的房产还有很大的上涨空间。

中国尽力缓解发达城市的人口压力，并取得了显著的成效。例如，北京在2016年新增人口2万，但几年后北京、上海等城市，人口可能会出现负增长。人口的负增长并不代表发达城市的购房需求就会减少。显然，迁出发达城市的人口，普遍是收入较低、没有稳定住所的人群，这些人大部分没有能力在发达城市购房。但是发达城市集聚了大量的优质资源，有较强经济实力的人都会选择在发达城市购置房产，特别是一线城市的核心区域。虽然现在北京、上海等地都在忙着把产业往周边疏散，希望能够控制人口数量，但是政府通过产业迁移疏散的人口大部分是普通的白领。以北京为例，四环以内的房子本身也不是普通的白领能买得起的，普通白领的购房区域会变成如今的固安、燕郊等地，而四环内核心区域的购房需求要么来自经济实力雄厚的富人，要么是当地有改善性需求的人群进行置换。

发达城市，特别是一线城市，并不会因为政府控制了人口数量而使房价降低。即使政府颁布相应的政策，控制的也只是人口数量，疏解的是发达地区中低收入人群，让一些经济实力较弱的人在别的地区也可以安居乐业，没必要承受巨大的压力聚集在发达城市。但是中国有很多人有能力在发达地区购买房产，因此发达地区的购房需求是一直存在的，不会因为各地区均衡发展以及建立新区、迁移产业等政策的实施，使发达地区的购房需求减弱。

中国的国情很大程度上决定了中国政府的政策，而中国的国运则决定了房产价格的走向和趋势。

改革开放后，中国的建设取得了惊人的成就。借助于国家政策、人口红利等因素，中国经济发展较为快速。但是中国经济发展达到一定的体量后，增长速度必然放缓，进入增速换挡时期。中国经济增长稳中求进，科技创新水平不断提高，人民在党的领导下安居乐业，无不说明中国的国运会长久昌盛。相应地，同中国经济增长一样，房价也会从之前的高速增长变为缓慢增长，但中国经济发展潜力巨大，且城市化尚在推进，房地产业依然有着巨大潜力，不仅不会出现崩盘的情况，反而整体呈上涨趋势，只是像之前几年全国房价飞涨的情况不太可能出现了，取而代之的是一种健康缓慢的增长。

因此，看清楚中国目前的国情、国运是非常重要的。只要中国经济稳定发展，国运昌盛，中国的总体房价就会随之增长。国情反映了中国的经济发展情况，政府政策的制定也以国情为依据，在观察中国房价和分析政府政策时，一定要结合中国的国情，切不可离开国情、国运谈房价。投资房地产就是投资中国的国情、国运。

中国是社会主义大国，有自身特有的国情。中国的经济和市场都有自己独特的运行规律，别国的经验可以参考借鉴，但绝不可以照搬。房地产市场也是如此，它有自己独特的发展脉络，一定要结合中国的实际国情来研究中国的房地产市场，不可因为中国房地产市场同别国有一定的相似性就用他国模式来解释中国房地产市场的运行情况。

第四章

中国的房地产不可用他国模式解释

近年来，很多人会拿日本的房地产同中国的房地产比较，甚至预言中国的房地产泡沫过大，如果房价再持续上涨，中国会出现1991年日本房地产市场、2008年美国房地产市场那样的大崩盘。但是中国的房地产市场真的会出现这样的崩盘吗？我可以斩钉截铁地回答：不会！

就目前中国的房地产发展来看，中国的房地产市场不会崩盘，主要有两个原因：

第一，中国实行的土地政策是国家所有制，房地产商只有土地的使用权，没有所有权，因此中国的房地产目前并不是完全市场化的状态，不会因为经济大幅度波动而失去控制，国家一定会适度调控房地产市场。例如，2016年中国各城市房价都在飞涨，特别是一线城市，全国掀起了买房热潮，但是在2017年后，各地政府都相应出台了限购政策，使得大部分城市的房价出现了大幅度下调，大家的买房热情也随之退却，很多人本想买房投资，却不想在高位被套牢。

第二，中国对房产的需求量还是很大的，一线城市及二三线城市房产的潜在需求量还很大。因为中国的城市化还在不断推进，目前中国的城市化率在50%左右，而发达国家的城市化率一般高达80%。可以预见，中国未来的十年甚至二十年，将有大批的农业人口涌入城市，而买房对于中国人来说可谓人生大事，这些迁入城市的人，又会构成下一轮房地产市场中的购买主力，更不要说城市里本身就有改善需求的购房人群了。虽然中国如今城市高楼耸立，房地产市场看上去已经饱和，但中国房地产的发展远远没有结束，所谓的"崩盘"还言之尚早。

综合以上分析，下面我们仔细地看一下日本房地产市场究竟是怎样崩盘的，对中国有什么借鉴意义。在具体分析之前，先给大家介绍几个概念，帮助大家更加深刻地理解。

大家在谈论房地产崩盘时，总会有一个词相伴而出，那就是"泡沫"。不管新闻报道还是专家分析，常常会说泡沫破灭从而导致房地产市场崩盘。那什么是"泡沫"？"泡沫"又是怎么出现的呢？大家都知道价值规律，商品的价格是由价值决定的，价格围绕价值上下波动。在中国的房地产市场中，房子的价值是一条呈45度角向上倾斜的直线，横坐标是时间，纵坐标是价格，而价格在国家政策的调控下，会围绕这条价值线上下波动，从而形成价格曲线。房地产的泡沫是指房产的价格远高于它本身的价值，房产价值被过分高估的部分便形成了泡沫。但是受价值规律的影响，商品的价格总会回归价值，在回归的那一刻便是泡沫破灭、房地产价格大幅下降、市场崩盘之时。

泡沫是因房产价值被过分高估使价格过高产生的，而价格又通过货币表现出来。所以，泡沫产生的根本原因在于货币资金过剩。货币资金过剩，一方面可能是因为货币超发，另一方面则可能是因为货币的流动性过大。这两个原因都会使市场上充斥大量资金，从而流向房地产市场。而市场很多时候又是不理性的，购房者往往会受心理作用的影响：房价上涨时觉得房价会继续上涨，不买就亏了，于是房价越高涌入房地产市场的人越多，出现房价越涨越买的情况。价格此时已经起不到调节供需的作用，反而推动了泡沫的产生。

1955年至1991年，日本六大主要城市的住宅用地价格上涨211倍，仅一年出现下跌。1991年日本的房地产泡沫破裂，房价大幅下跌，其从上涨到泡沫破灭大概分为三个阶段：

1955年至1974年，日本的房地产处于快速上涨期，20年上涨了44倍（六大主要城市住宅地价），这20年是日本经济快速发展，GDP和人口快速增长时期。

1975年至1985年，日本房地产缓慢上涨，11年房价涨幅不到1倍，GDP和人口增速均放缓。

1986年至1991年，是日本房地产最后疯狂期，6年房价上涨了1.7倍。1991年后日本房地产便进入下跌期，此时经济停滞，人口大拐点出现。房地产泡沫破灭前，日本城市分化加剧，大城市涨幅明显大于小城市。房地产泡沫破灭后，日本房价普遍下跌，但初期大城市跌幅更大，1992年至2000年，日本六大主要城市住宅用地房价下跌55%，中小城市跌幅仅为19%。

值得注意的是，1974年日本同样产生了房地产泡沫，泡沫程度和1991年相当，但大拐点出现在1991年而非1974年，原因是：1974年时，日本的经济处于中速增长阶段，城镇化存有空间以及适龄购房人口数量维持在高位，这些都为日本房价的持续走高提供了基本面支撑和消化空间。

但1991年时，日本的房价已经严重脱离基本面。1974年至1985年，日本经济虽然告别了高速增长期，但仍实现了年均3.5%左右的中速增长。1970年，日本城市化率为72%，还有一定的发展空间。1974年，日本国民中20岁至50岁的适龄购房人口数量接近峰值后并没有转而向下，而这个数量从1974年至1991年仍维持在高水平。但1991年后，日本经济停滞，人口老龄化严重，适龄购房人口数量大幅下降，城市化率已经高达77.4%，此时日本的房地产市场失去了基本面支撑，所以房地产泡沫才会在1991年破裂。

一、日本房地产泡沫产生的原因

（一）《广场协议》的签订

《广场协议》是20世纪80年代初，美国在财政赤字、对外贸易逆差增长的情况下同日本签订的。美国希望通过美元贬值来增加产品的出口竞争力，以改善美国国际收支不平衡的状况。1985年，美国、日本、德国、法国以及英国的财政部长和中央银行行长达成协议，五国联合干预外汇市场，诱导美元对主要货币的汇率有秩序地贬值，以解决美国巨额贸易赤字的问题。

《广场协议》签订后，上述五国开始联合干预外汇市场，在国际外汇市场大量抛售美元，继而市场投资者也疯狂抛售，导致美元持续大幅贬值。1985年9月，美元兑日元在1美元兑250日元上下波动，《广场协议》签订后不到三个月的时间，迅速下跌到1美元兑200日元左右，跌幅约为20%。此后，美元对日元继续大幅度下跌，最低曾跌到1美元兑120日元。不到三年的时间，美元对日元贬值了50%，也就是说，日元对美元升值了一倍。《广场协议》签订后，日元大幅升值，使得日元资产吸引力大增，房价疯狂上涨和日元升值也有很大关系。另外，《广场协议》后，日本出口贸易急剧下滑，1986年经济陷入衰退，陷入通货紧缩。

（二）日本国内实行过度宽松的货币政策，货币超发

日元升值后，日本不可避免地会面临经济下滑和通货紧缩压力，日本央行大幅降低利率，并增加银行信贷。再贴现率从1984年的5%下调到1987年的2.5%；拆借利率从1984年的9.06%下调到3.39%。1986年至1990年，日本国内货币供应量明显扩张，M2（反映货币供应量的重要指标）增速从1985年初的7.9%上升到1987年末的12.4%，过量流动性和低利率助长了房地产泡沫的产生。

（三）日本对美国的帮助使房地产泡沫进一步扩大

1987年美国出现股灾。当时美国政府担心，如果日本银行提高利率，资金就不能及时向欧美市场回流而会流向日本，因此建议日本暂缓加息。日本政府也担心提高利率可能使更多的国际资本流入日本，推动日元升值，导致经济进一步衰退。当时日本正在实施扩大内需战略，需要以较低的利率来刺激国内投资，减少储蓄，缩小

经常项目顺差。在这种情况下，日本银行决定继续实行扩张性货币政策。

（四）人均土地面积少与高储蓄率

这是日本房地产泡沫形成的重要原因。众所周知，日本国土面积狭小，人均土地面积少，导致房价上涨预期强烈，而高储蓄率导致长期资金过剩，日本此时也对整个市场持乐观态度，认为日本的经济会是全球第一。于是，在资金宽松以及民众乐观情绪的推动下，日本房地产价格不断上升。

日本房地产泡沫破裂的原因：

1.1991年后，日本经济增速减慢，购房人口数量下降。日本房价快速上涨期是在1974年之前，当时日本GDP年均增长9.3%，购房人口快速增长。1975年至1985年，日本房价步入缓慢上涨期，日本GDP年均增长3.7%，购房人口增速放缓。1991年以后，日本房价持续下跌，日本经济增速停滞，GDP年均增长1%，城市化进程接近尾声，当时日本的城市化率已经达到77.4%，适龄购房人口数量大幅快速下降，人口老龄化严重。

2.日本政府主动收紧货币政策并刺破房地产泡沫。当时，日本在股票市场与房地产市场双重泡沫的压力下采取了非常严厉的行政措施。第一，日本调整了税收和货币政策。日本央行从1989年开始连续5次加息，同时货币供应增速大幅减缓。第二，日本对房地产贷款和土地交易采取严厉管制，要求金融机构严格控制土地贷款项目。受此影响，日本各金融机构的房地产贷款增长速度迅速下降。到1991年，日本商业银行实际上已经停止对房地产业贷款。但这些政策太过激进，在日本出现了巨大泡沫的情况下，没有任何缓冲地颁布较为严厉的政策，导致房地产泡沫直接被刺破，经济陷入崩溃。

二、日本房地产泡沫破灭的影响

日本房地产泡沫破灭后，经济长期停滞，居民财富大幅缩水，企业资产负债表恶化，银行不良贷款率上升，政府债台高筑。

1.日本经济陷入长期通货紧缩。1991年房地产泡沫破灭后，1992年至2014年，日本GDP平均增速0.8%，CPI平均增长0.2%，日本经济长期停滞。

2.私人财富缩水。在此期间，房地产和股票价格的下跌给日本带来1500万亿日元的财产损失，相当于日本全国个人金融资产的总和，也相当于日本三年的GDP总和。

3.日本企业资产负债表恶化。房地产是很多企业的重要资产和抵押品，随着这些资产价格的暴跌，日本企业资产负债表明显恶化。

4.房地产价格大幅下跌和经济低迷使日本银行坏账率大幅上升。1992年至2003年，日本先后有180家金融机构倒闭。日本所有银行的坏账数额从1993年的12.8万亿日元上升至2000年的30.4万亿日元。

5.日本国际地位下降。1991年后，日本经济停滞，与其他国家相比，实力出现明显变化，国际地位下降。而中国也超过日本，成为世界第二大经济体。

三、给中国的教训、启示与政策建议

中国目前的房地产市场有很多日本当时的特征：第一，中国经

济从高速增长进入缓慢增长的平稳状态；第二，从购房人群来看，中国20岁至50岁的购房人群数量开始快速下降，目前迎来大拐点；第三，中国一线城市房价大涨，三四线城市房市去库存困难，区域分化明显；第四，中国城市化进程放缓。

因为中国目前出现了一些与当时日本相似的情况，所以很多人会担心中国的房地产市场是否会像日本那样崩盘。其实，虽然中国目前的情况和日本有些类似，却又有很大的不同。

中国经济虽然增速放缓，但目前也以每年6%以上的速度在增长，并且城市化还有巨大的空间。而且，中国与日本最大的不同是，日本房地产泡沫时，政府不但没有及时遏制房地产价格过快上涨，反而通过宽松的货币政策进一步刺激日本房价上涨。反观中国，中国政府实行的是稳健的货币政策，只要股市和房市价格异常波动，政府就会及时调控。

中国应吸取日本的教训，要控制货币发行总量，以免使房价脱离基本面而产生泡沫。中国经济正处于增速换挡期，投资进入平稳状态，从单纯追求数量增加转向追求质量提升。在此背景下，中国的房地产政策应该适应目前的国情，不应寄希望于通过房地产重回高增长的轨道，而是要鼓励房地产业平稳健康地发展，更加注重提高住房质量，注重区域差异。实行长期稳定的房地产金融政策，改变大城市人口增长过快，中小城市发展过慢的现状，使其均衡发展。

所以，我以相似的日本为例，关注大家普遍担心的问题：中国房地产市场会不会跟日本一样瞬间崩盘？通过以上分析，我们可以得出结论：一定不会。再者，日本很多土地都集中在大企业主、资本家手中，而中国土地则掌控在国家手中，政府会根据市场供求关系来调控土地供给，不会像日本那样，一旦遇到崩盘，所有人都恐慌性地抛售房产。中国政府这个"有形的手"在控制着市场这个"无形的手"，限购、限贷、限售、堵漏洞甚至增加供给都是调控房价积极有力的手段。比如，北京市政府要拿出150万套房屋入市，以及雄安新区的建立，都有力地加大了市场供给，使房地产市场平稳发展。

另外，我们更不要拿美国、意大利、德国，甚至澳大利亚、新西兰的房市和中国的房市比较。

第一，国外的国情和中国有很大差别，中国约960万平方千米的土地养育着14亿人口，而且真正可以建设的土地只占40%，更多的是荒漠、山地、荒地等。美国约963万平方千米的土地，却只养育了4亿人口，而澳大利亚760多万平方千米的土地，养育着2000多万人口，真的差距甚大。众所周知，供求关系影响价格，国外的土地供大于求，和中国根本不具有可比性。

第二，国外特别是发达国家，其城市化已经接近尾声，大部分发达国家的城市化率超过80%。这些国家的二手房市场较一手市场更发达，人们对房产基本上是置换需求。经济景气时，置换周期会短一些；相反，经济不景气时，置换周期就会拉长。因此，国外对房产的需求量是比较稳定的，并且在国外购买房产应缴纳的税费较高。综合以上几方面原因，国外房子的需求量都比较平稳，没有很好的投资价值。

第三，外国人的理念和中国人不太一样，他们对房子的渴求欲望远远没有中国人那么大。人们如果要投资房地产，都会选择购买相应的基金，而不会去真正买一套房子。加之，国外地广人稀，城市化也已接近尾声，促使房价稳定，房子的升值空间不大。

　　总之，由于国情不同以及所处时代不同，切不可拿他国模式来分析中国的房地产市场。相较于国外市场，中国的房地产市场潜力无穷。除非是要出国移民，否则大家不要轻易把钱投向国外的房地产市场。

　　从上文的论述中大家可以看出，中国房地产市场发展最大的一个支撑点是中国人口众多。目前，中国处于城市化的发展阶段，城市化还远远没有达到饱和状态，农业人口不断转变为城市人口，从农村迁徙到城市。随着城市化的不断推进，中国的房地产市场还有着巨大的潜在需求，城市化进程是推动中国房地产业发展的关键所在。

第五章

中国的城市化进程是关键

城市化有狭义和广义之分。狭义的城市化是指农业人口不断转变为非农业人口的过程。广义的城市化则是指社会经济变化过程，包括农业人口非农业化，城市人口规模不断扩张，城市用地不断向郊区扩展，城市数量不断增加等。

城市化的推进意味着大量的农业人口向城市迁徙，城市规模也将不断扩张，而城市的开发、建设、扩张都离不开房地产业。因此，房地产业在中国并不会由盛转衰，反而会在未来很长一段时间内都是国家经济发展的支柱产业。大量的农业人口涌入城市，会进一步扩大购房需求，推动中国房地产业发展。

从1949年新中国成立到1978年十一届三中全会之前，中国的城市化进程非常缓慢。1949年中国的城市化率仅为11.2%，而1980年中国的城市化率仅达到19.4%。也就是说，这30年中，中国的城市化率才上涨了8.2%。而1980年至2018年，中国的城市化率从当初的19.4%上涨到58.52%。

值得注意的是，改革开放之前城市化进程缓慢并不是由中国国民经济发展受阻造成的。虽然新中国成立后社会经济发展经历了一些挫折，但是总体来看，国民经济的增长速度并不算慢。工业总产值方面，1978年比1949年增长了38.18倍，工业总产值在工农业总产值中的比重由1949年的30%提高到1978年的72.2%；社会总产值增长了12.44倍。其中，非农产业产值在社会总产值中的比重，由1949年的41.4%上升到1978年的77.1%；国民收入总额则从1949年的358亿元增长到1978年的3010亿元（按当年价格计算），提高了7.41倍。其中，非农产业在国民收入构成中的比重，也由1949年的31.6%上升到1978年的64.6%。

1950年至1973年，世界GDP总量年均增长4.9%，人均GDP增长2.9%，其中中国大陆GDP年均增长5.1%，人均增长2.9%，高于和等于世界的平均水平，高于同期发展中国家的平均水平。

改革开放以前，中国城市化进程缓慢主要还是政策原因。受高度集中的计划经济体制制约，中国的城市运行不具有市场性，导致城市对非农劳动力的吸纳能力很弱，不能实现劳动力在城乡之间的转化，城乡之间愈发相互隔离，相互封闭。当时受计划经济影响，政府对城市实行统包政策，对农村实行统制政策，进一步加强了城乡之间的壁垒，阻碍了人口的自由流动，导致改革开放以前的中国城市化进程异常缓慢。

但是改革开放以后，中国开始实行中国特色社会主义市场经济，国民经济高速增长，城乡之间的壁垒被逐渐打破，特别是乡镇企业的兴起，吸纳了大量的农业人口就业，小城镇迅速扩张，使得农业人口可以快速地向城市流动，从而城市化进程明显加速。

改革开放以后，中国的城市化进程大致经历了以下三个阶段：

1.1978年至1984年，农村实行经济体制改革，大量的上山下乡知青返回城市并重新就业，高考的全面恢复和迅速发展也使一批农村学生进入城市。与此同时，城乡企业也开始崛起，大量的农民也进入城市和小城镇。从人口方面来看，这个阶段的城市化率由1978年的17.92%提高到1984年的23.01%。

2.1985年至1991年，乡镇企业和城市改革推动了城市化的发展。这个阶段以发展新城镇为主，沿海地区出现了大量新兴的小城镇。

3.1992年至2000年，城市化全面推进，以城市建设、小城镇发展和普遍建立经济开发区为主要动力。1992年至1998年，城市化率由27.63%提高到30.42%。

综合以上分析可以看出，1978年以后，在经济高速增长的背景下，政府积极发展小城镇，使得中国城市化进程加快。中国的城市化终于由被压制转为松动和放开。但是，总的来说，中国的城市化发展目前还存在着很多问题。

1.城市化进程还比较缓慢

在经济起飞的过程中，日本农业人口下降了65%，美国农业人口下降了72%；而1985年至1990年，中国的农业人口才下降了10%，这大大限制了中国经济的发展。2000年，全世界的城市化率达到48%，而中国的城市化率仅为36.2%。由于受传统体制和户籍制度改革滞后的影响，中国的城市化发展仍然严重滞后于工业化发展和经济发展，远低于世界水平。

2.城市化水平质量不高

目前，中国城市化率虽然已经超过50%，但是有大量的农业人口不能做到完全市民化，还是处于半市民状态，没有享有市民应该享有的权利。这一部分人在中国大约有1.5亿至2亿，如果扣除这一部分人，那么中国的城市亿率就很低了。

3.城市结构不合理

目前，中国大中小城市发展不合理，中小城市的结构严重失衡。当金融危机发生时，大城市的就业机会严重减少，这时大部分来大城市务工的农民工由于没有工作机会大多会选择返回家乡，而不是去中小城市工作，这说明中国目前中小城市的吸纳能力严重不足，不能有效地成为城市化的缓冲地带。

中国的城市化离不开房地产的发展，房地产的发展和城市化息息相关。中国房地产的发展大致可以分为四个阶段，城市化进程最快时，房地产业发展也最为迅速。

一、起步阶段（1978年至1991年）

1980年9月，北京市住房统建办公室率先挂牌，成立北京市城市开发总公司，拉开了房地产综合开发的序幕。从1981年开始，中国就在深圳和广州实行商品房开发试点。在这以前，国内没有商品房开发，住房主要是靠单位或者政府福利分配，房地产市场化由此开始兴起。1982年，中国在多个城市进行售房试点。1987年11月，深圳市政府首次公开招标出让住房用地。1990年，上海市房改方案出台，开始建立住房公积金制度。1987年至1991年，是中国房地产市场的起步阶段。

二、调整与推进阶段（1992年至1998年）

1992年房改全面启动，住房公积金制度全面推行。由于特区实行市场经济后，城市的面貌发生了翻天覆地的变化，房地产开发非常成功，开发区的经验向全国推广。但当时房地产刚开始市场化，制度和政策都还不健全，局部地区一度呈现混乱局面，甚至还出现了较为明显的房地产泡沫。1993年底宏观调控后，银行停止对房地产业贷款，银根收紧使刚刚兴起的房地产市场遭到重创，致使1993年下半年到1998年上半年，中国的房地产市场毫无起色。

三、高速发展阶段（1998年至2003年）

随着中国经济的发展和居民收入水平的提高，住房成为新的消费热点。1998年以后，中国取消了住房分配制度并实行按揭政策，房地产投资进入平稳快速发展时期，房地产业成为中国经济的支柱产业之一。

而1998年对中国房地产业来说是关键之年，因为1998年的下半年，中国政策开始发生变化，政府出台了一系列刺激房地产发展的政策：

第一，政府取消了福利分房政策，这意味着人们之后要获得住房都要到市场上去买，刺激了大量的住房需求。当时凡是有钱的单位纷纷购买现房，把当时市场上所有的现房一扫而空。

第二，在金融政策上，政府通过不断降低利率，降低房屋按揭门槛，刺激产生了大量的买房需求。

第三，取消了价格管制，之前商品房的价格是限价的，但是在1998年后政府取消了价格管制，为开发商涨价提供了可能。

据数据显示，2001年中国房地产投资6245亿元，约占全社会总投资的16.9%，到2004年房地产投资升高到14480.75亿元，约占社会总投资的24.7%。2000年上海的房屋均价为3326元/m²，到2004年时均价已上升至6385元/m²，涨幅达到92%。这几年，中国房地产业高速增长。

四、房地产价格持续上扬，横盘调整的新阶段（2003年至2008年）

2003年以来，房价不断上涨导致了严重的社会矛盾，房地产业成为社会关注的焦点。于是，接下来的几年，中国便对房地产业实行宏观调控来稳定房价。

2004年中国开始实施宏观调控，主要措施是收紧土地与信贷两个闸门，以调控供给为主。

2005年中央进一步加大宏观调控力度，主要措施是供给与需求双向调控，以调控需求为主。

2006年的宏观调控的主要措施是以调整房地产产品结构为主，促使房地产市场主要由卖方市场向买方市场转变，由以投资主导向以消费主导转变，由短期投资向中长期投资转变，由以土地为中心向以产品为中心转变，由以增量市场为主向以存量市场为主转变，由笼统市场向细分市场转变。

2007年继续调整，截至2007年底，中国房地产市场差不多调整完毕。借着2008年奥运会的东风，中国的房地产业又有一波价格上扬。

中国房地产业通过调整，风险被释放，泡沫被消减，结构被调整，不合理的状况得到缓解，积压的房子被消化，为下一轮房地产业的发展夯实了基础。从2008年开始，中国房地产业开始新一轮的平稳增长。

从以上数据可以看出，中国房地产业的发展和城市化进程大致一样。中国2016年的城市化率大概在57.3%，而世界发达城市的城市化率在80%左右。依据世界发达国家的城市化发展规律得知，城市化达到70%时进程才会放缓。预计中国2020年城市化率将达到60%，由此可以推断出中国至少在未来十年内城市化进程都会快速推进，房地产业也将长期成为中国的支柱产业之一。

目前，中国建造的房子数目还远远不够，并且地区差异化明显，特别是一线城市房价偏高。现在，很多人总爱用租售比来批判当前一些城市的高房价，觉得中国房子的租售比达不到国外标准，便推断中国房地产泡沫太大。

但是我想说的是，中国的国情和外国完全不同，价格是由市场决定的，市场是由需求支撑的，目前中国一线城市的房地产市场其实还是政府在控制，如果取消限购等政策房价肯定还会更高。因此，在分析房地产市场时，我们一定要全面，不要用片面的指标来判断整个市场。下一章我将通过对租售比的论述来告诉大家为什么仅凭指标判断市场是不可取的。

第六章

中国的房地产业不能用简单的租售比衡量

　　通过前文的分析，大家已经很清楚地了解之后中国房价的走势。不管是城市化进程的推动还是中国经济的不断发展，种种信息无不说明中国的房地产市场发展态势良好，呈上行趋势，但是在这种上行趋势中，房地产市场里到底有没有泡沫？很多人认为中国的房地产市场远远超出了国外房地产市场对租售比的规定范围，从而判断中国房地产泡沫化严重。但是我想说的是，单用租售比来判断房地产有没有泡沫太过草率。外国和中国国情不同，不可单纯地拿外国的指标和判定方式来解读中国的房地产市场。下面我们来看一下中国房地产市场中的租售比，进一步告诉大家为什么中国的房地产业不可简单地用租售比来衡量。

　　租售比是指房产的月租金与房屋售价之间的比值。在国际上，一个区域房产运行状况比较好的租售比大致在 1 : 300 至 1 : 200，即购买一套房子可以在200到300个月之间收回成本（大概在16年至25年收回成本）。如果租售比低于1∶300，即房子要超过300个月才能收回成本，那么就说明房产价值变小并且有一定的泡沫出现；如果租售比高于1∶200，那么表明这一区域房产投资潜力相对较大，买房是划算的。

但是在实际中，租售比要和经济发展相结合，上述标准适用于经济发展和货币发行都较为稳定的地区。在国际上，通常会以租售比作为衡量房产价值的标准，但是中国的房地产并不能用租售比来衡量，特别是一线城市。比如，北京、上海的房子租售比普遍在1∶500以上，有些房子甚至达到了1∶1000。中国一线城市的租售比较高，主要有以下两个原因：

第一，租房群体和买房群体实际上是两个完全不同的群体。中国人有购房需求，但凡有能力的人都会选择购房而不是租房，只有在买不起房时才会选择租房。因此，特别是在一线城市，租房群体的经济实力都偏弱，承担不起如此高价的房租。例如，北京四环以内，90平方米的房子保守估计市值1000万元左右，如果按照国际惯例的租售比来说，1∶300是正常范围内的租售比，这样算下来，理论上租金每月大致要达到3万元左右才算合理，但北京月收入3万元的人群可谓寥寥无几，更不要说这仅仅还是租房的花费，且不算生活的其他开支。如果按照国际惯例来定，北京租的起房的人都早早地购置自己的房产了。因此，在中国特别是一线城市，完全不能拿租售比来衡量中国的房地产业，不能说租售比太低就意味着中国房地产业有太多的泡沫。

第二，中国人买房考虑更多的是房子本身的升值空间，而不是通过收取房租获得的报酬。因比，很有可能出现房价持续高涨而租金并未大涨的情况。因为中国目前还处于城市发展的阶段，城市化进程加快，供给远远不能满足需求，房子作为资产升值潜力巨大，而租房纯粹属于消费，因此万万不可拿租售比来衡量中国的房地产市场。但是这也不是说租售比在中国完全无用，在部分城市特别是三四线城市，若租售比太低，就很有可能是房价对于租金的过分背离，此时应予以注意。

综上所述，中国不同地区的房地产市场不尽相同，存在着巨大的差距，租售比只是一个衡量指标，不能作为判断房地产市场有无泡沫的标准，特别是中国一二线城市和三四线城市的房地产市场存在很大的区别。在一二线城市中，租金同房价的背离是普遍存在且比较正常的情况，中国还处于发展阶段，特别是在大城市，租房者和购房者完全是两个群体；但三四线城市房价相对较低，如果三四线城市出现租金与房价过分背离的情况，那就要提高警惕了。

微观小论：

购房者需要具备的基本素质

购房者在买房时，要对房地产的基本知识有所了解，要知道什么样的户型才是好户型，要知道房屋的朝向对之后的居住有什么影响，要知道房屋的容积率、得房率、绿化率、楼间距分别是什么。只有充分了解了房地产的基本知识，在购房时才能够清晰评估各类房产，不会模棱两可，被中介或房主所蒙蔽。

买房是每个人的人生大事，购房者在购房之前要学习好相关知识，在买房时要小心谨慎。购买一手房时一定要检查开发商的"五证"；购买二手房时，则一定要注意审阅合同条款，并且留意房子的性质。在中国，并不是所有的房子都可以上市交易的，像军产房、校产房基本不能上市交易。

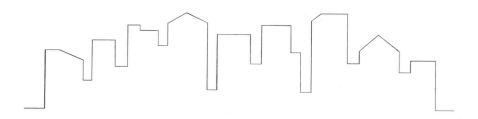

第一章

户　型

　　每个家庭在购房时首先选择的就是户型，但想要选到一个好户型并不容易。户型之间，可谓差之毫厘，失之千里。如果在选择户型时没有考虑周全，不又将会给之后的生活带来诸多不便，而且会增加再次出售的难度。好的户型不但适宜居住，而且可使房产升值更快。因此，选择一个好的户型，对于购房者来说非常重要。

　　在如今的房地产市场上，开发商所提供的户型可谓琳琅满目，品类繁多。开发商为了吸引购买者，在户型上大下苦功，不断地推陈出新，单从结构上看就有平层、跃层、错层、复式等；从具体的户型来看，那就更加多种多样了。这一章告诉大家什么户型才是好户型，以及在选择户型时应该有哪些注意事项。

一、户型的分类

1.平层户型

顾名思义，平层是指一套房屋的厅、卧、卫、厨等所有房间均处于同一层面上。平层是目前房地产市场上占绝大多数的户型结构，其结构较为简单，经济实用，面积利用率较大，室内无任何障碍。但是平层也有缺点，即没有功能区分。目前在一线城市，不管是中小户型还是豪宅，都以平层为主，并且大平层的定价远超复式以及别墅的定价。

建议大家在购房时还是以购买平层为主。平层虽然简单，但是从居住角度而言，是非常适宜人居住的，既不用像复式那样爬楼梯，住起来也宽敞，显得大气，没有局促感；从投资角度而言，平层也比较好出手，变现能力很强。但是在选择平层时，要注意房屋内部的具体布局，这点稍后再和大家详细说明。

2.跃层户型

跃层住宅一般层高5.6米，是指一套住宅占两个楼层，有楼梯连接上下层的户型。一般在首层安排起居室、厨房、餐厅、卫生间，最好有一间卧室；二层安排卧室、书房、卫生间等。跃层户型的面积是按两层的建筑面积或使用面积之和来计算的。

跃层户型的优点显而易见。首先，居住面积较大，功能全面；其次，上下层隔离，相互干扰较小，比较安静；再者，跃层户型还有较好的采光和通风效果；另外在高层建筑中，由于每两层才设电梯，还可缩小电梯的公摊面积，提高空间使用效率。

然而，跃层户型也有显而易见的缺点：第一，跃式住宅的户内楼梯要占去一定面积，且楼梯坡度较大，上下楼对于老人、儿童来说不方便；第二，跃式住宅的二层一般不设有通风口，发生火灾时，不易疏散，存在安全隐患；第三，跃式住宅的面积一般较大，房屋总价较高，并不是一般人能够负担的。因此该户型比较适合高消费群体，以及三世同堂的大家庭居住，既可以保证相对独立性，又可以互相照顾。

3.错层户型

错层户型的标准层高在2.8米左右，错层户型的房子不处于同一平面上，一般会用30—60厘米的高差进行空间隔断。错层户型层次分明、立体感强，但未分成两层。错层的厅、卧、卫、厨、阳台均处于几个高度不同的平面上。比如，进门见客厅，上一层为卧室，下一层为厨房、餐厅类布局，两个或者三个空间彼此独立。

错层户型的优点在于，错层房屋的面积是用平面面积计算的，人们却可以享受到立体的生活，而且动静分区，私密性较强。但是错层一般适用于面积较大的房屋，并且在装修时，施工上会存在一定困难；错层的室内台阶比较多，老人和小孩容易摔跤；一些相信风水的人士可能不会购买错层，因为错层式住宅不属于传统设计；在结构上，由于错层结构让建筑的整体质量、刚度都不均匀、不对称，所以抗震能力会相对减弱。

4.复式户型

复式户型在概念上算一层，并不具备完整的两层空间。但是由于复式户型的层高较普通住宅高，因此可以在局部做出夹层，安排成卧室或书房，并用楼梯连接上下，其目的是增加使用面积，提高住宅的空间利用率。

复式户型主要有四大优点：第一，空间利用率较高，买一层可以用两层，对于选购小户型的购房者来说，是非常实惠的；第二，对于家庭成员较多，而经济实力又不足以购买别墅或者跃层的家庭，复式户型显得十分实用；第三，可以通过对室内空间的再设计，下层作为家庭娱乐中心，上层作为非待客区域，动静分区明显，互不打扰；第四，复式户型的整体视觉效果更新颖，深受年轻人的喜爱。

但复式户型的缺点也不容忽视：第一，通风、采光相对较差。这个缺点主要体现在小型复式公寓上，由于空间有限，复式住宅的进深大、宽窄小，如果朝向不好，通风和采光会受影响，因此在购买复式时一定要实地查看好方位。第二，由于复式并不是完整的两层空间，居住起来可能会觉得比较压抑。第三，复式户型上下楼不方便，安全隐患多，其楼梯间可能会占掉10—15平方米；相对平层设计，复式浪费的空间更多，并且复式的楼梯大多比较小，坡度比较陡，老人和小孩上下楼梯会很不方便。第四，复式户型目前还不属于主流的房屋结构，在出售或出租时都会比平层困难。

二、选择户型的标准

1.采光要好

采光好的标准是指在晴朗的天气，白天所有房间不需要开灯，光照也充足。决定房屋采光的因素主要是朝向和楼层。首先，从朝向上来看，朝南最佳，最好是南北通透的户型，朝东、西次之，朝北最次。其次，楼层越高，楼间距越大则日照越充足，采光越好。

除此之外，还应该选择偏大面宽、偏小进深的房子。房屋的面宽越大，自然采光的范围越大；但如果房屋的进深偏大，光线从窗外投射进来，经过漫反射，仍然照不到离窗较远的区域，白天仍然需要灯光照明，因此要避免选择进深偏大的房子。在选择住房时要尽可能重视卧室的采光效果，起居室、厨房、卫生间的采光效果依此类推。

2.通风流畅

要想使房屋通风流畅，最好能有穿堂风，因此在选房时，最好能够选择南北通透的户型，并且房屋整体形状最好是方正的。整体形状方正的意思，不是说整套房子是一个完整的方形，而是各个房间和功能区域的形状是方正的矩形，同时整套房子看起来也大致是个矩形，也可以允许有一些"溢"出来的边角。这样才能保证自然风在屋内的均匀循环，不会集聚在一个点上，从而保证屋内通风流畅。

3.没有暗间

暗间是指没有窗户的房间，这种房间，除了无法自然采光，还不能通风。现在的新房如果有暗间，多数都被安排在卫生间和储物间。卫生间如果没有窗户，除湿和通风完全要依赖排风设备，采光照明则要依靠室内灯光，而卫生间是一套房子里最潮湿的地方，除湿不利会非常影响人体健康。没有窗户的储物间是可以接受的，但是如果在气候比较潮湿的地区，储物间没有窗户，很容易因为过度潮湿的气候而无法储物。

4.房间大小适中，不要浪费面积

房间并不是越大越好，而是在一定的总面积下，合理安排各个房屋，面积适中即可。房间太小会让人感觉压抑、不舒服，但是单个房间太大，又会让人感觉空旷。在购房时，还应该注意房屋的设计有没有浪费面积，如果某个房间面积设计得太大，可能还需要将另外一个房间设计得偏小，一般面积浪费过多的房子，可能都存在以下问题：房子的走廊过长，而且没有和客厅、餐厅等实用功能区域合并；卧室面积过大（超过20平方米）；厨房、卫生间面积过大，而次卧面积太小；实际得房率低（低于75%），公摊面积过大。

5.注意各个房间的动静分区

一般来说，房间基本的功能分布要求前动后静——靠近门和玄关的地方，是全家人活动最多的区域，比如厨房、餐厅、客厅。开门关门的时候会有声音；炒菜做饭的时候，厨房的声响很大；吃饭时全家人免不了要聊聊天；在客厅看电视时，也会有比较大的声响。这几个地方都属于房屋中比较吵闹的地方，其位置要位于房屋的前部。而在卧室休息和书房阅读时需要安静，这几个房间要位于房屋的深处，尽可能地不受其他人干扰。卫生间是每个人每天使用比较频繁的地方，因此从各个房间到卫生间，最好都能以较短的距离到达。

此外还要注意，客厅要和卧室分离，厨房要和餐厅分离，但要相互挨着。厨房户门不宜直接对着客厅，不然炒菜的油烟会进入客厅；厨房最好可以直接对外采光、通风；阳台最好与客厅相连，如果条件允许，阳台应大一些；卫生间最好可以干湿分离，不宜正对客厅和餐厅，不宜与厨房紧连。

6.应该避开外立面奇特的户型

一些外立面比较独特的楼盘，其内部房屋通常都会有很难处理的边角，会给户型设计造成很大的麻烦。为了迁就外立面的形状，户型设计就有很多限制，一些看起来奇怪和不合理的户型，大多出现在这类外观独特的楼盘里。

比如外立面是圆形、半圆形的住宅，通常会把阳台设计在圆弧形状的区域，把房屋本身的边角包裹进去，从而导致阳台形状不规则，晾晒空间不够，甚至水池和橱柜都可能安装不下。如果用铝合金门窗封闭阳台，推拉不如方方正正的阳台方便；如果不封闭，房间的通风也不舒畅。

三、举例分析常见户型

经过上述介绍，在购房时，相信大家对如何选择户型应该有了一定的了解，下面我们再举几个具体案例，为大家详细分析一下市场中常见的各种户型。

1.一室一厅户型

下面这个户型图是一室一厅的户型。从户型图上可以看出，这套房子的客厅朝南，卧室朝北，是南北通透的户型，客厅还带有阳台，因此客厅的光照和通风应该都不错。该户型的卫生间内有窗户，卫生间通风应该也比较好。厨房带有阳台，通风应该没有问题，并且厨房在进门位置，没有正对客厅和餐厅，但又和餐厅紧连。这个户型总的来说比较方正，各个房间的面积也适中，唯一不好的一点，就是该户型的卫生间对着餐厅，在实际购房时，应尽量规避此点。

2.两室一厅户型

下面这个户型图是两室一厅的户型。如图所示，这套房子也是朝南的房屋，客厅和其中一个卧室朝南，客厅带阳台，但是这套房子的客厅面宽相对较小，进深较大，这对光照会有一定影响。次卧带有阳台，但是次卧朝北，光照可能会受影响。厨房的窗户虽然朝北，但是窗户离灶台较近，并且厨房没有和餐厅、客厅相连。卫生间在两个卧室之间，离客厅、卧室的距离都很近。但这个户型的卫生间没有窗户，通风、光照均会受影响。

总的来说，这套房屋朝南，且南北通透，通风、采光都较好，布局也很不错，除了客厅面宽有些窄，卫生间没有窗户，卧室相对来说小了一些，其他方面都很不错。

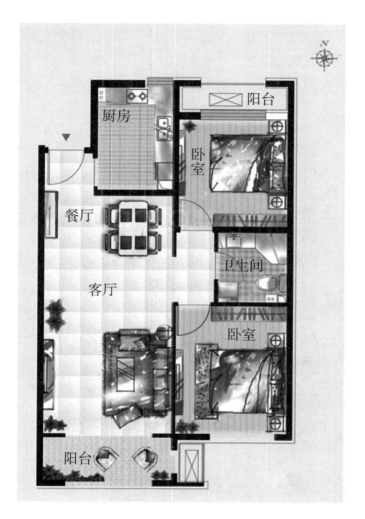

3.三室两厅户型

下面这个户型图是三室两厅的户型。首先可以看出这个房子是南北通透的户型，客厅和主卧都朝南，并且带有阳台，光照、通风都很好。而两个次卧朝北，且其中一个次卧带有阳台。主卧的卫生间有窗户，通风比较好；虽然另一个卫生间没有窗户，属于暗间，但是这个卫生间离次卧较近，可以通过次卧的窗户实现通风。

可以看到，该户型的厨房有窗户，而且餐厅还附带阳台，这样可以实现很好的通风。这个户型每个房间的大小都比较适中，还有储物间以及衣帽间，非常实用，并且房屋动静分区也很明显，是一个不错的户型。如果在实际选房中遇到这样的户型，那便很值得购买。

4.奇特的户型

下面这个户型图就是上文所说的奇特户型。之前分析的三个户型，房屋总体来说都是方正的，但是下面这个户型，虽然是三室两厅，但是其房屋不仅有角，而且不够方正，这样的户型会影响光照和通风，并且居住起来会很不方便。

这套房屋的两个次卧面积较小，主卧面积虽然较大，但是由于户型奇特，可利用面积较小；且餐厅与厨房、卫生间相连，布局也很不好。奇特的户型在实际居住和利用上都会有一定问题，因此在购买时一定要注意。

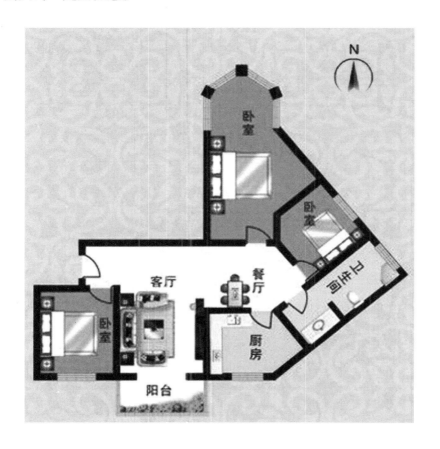

第二章

楼　层

　　买房选好了户型之后，接下来就是选楼层了。关于楼层的挑选，民间有很多忌讳，比如中国人不选4层、18层，因为觉得不吉利；又比如有人说9层到11层是扬灰层，等等。而人们在实际购房中，考虑的因素也有很多，例如买得高害怕电梯出问题或者发生地震火灾，但是高层的采光比较好；买得低，虽然在电梯出问题时，不必太过担心，但是低层可能会存在光照不好、噪音过大等问题。

　　在现实中，其实是没有最佳楼层的，房地产项目的周边环境、小区景观以及楼号布局，都会影响楼层的好坏，因此大家在挑选楼层时一定要根据现实状况，结合自身需求进行选择。

　　民间的很多说法并不能作为选择楼层的依据。比如很多人都认为9层至11层是扬灰层，其实这种说法根本不符合大气物理学常识，因为空气中的污染物会随着气流进行沉降和流动，在空气中没有污染物的情况下，楼层越高空气越干净。人们虽然对4层、18层有些禁忌，但是4层和18层一般价格比较便宜，性价比很高。因此在选择楼层时，大家应该从实际的居住需求出发进行选择。

一、低层、多层、小高层、高层

一般情况下，我们根据楼房的高度不同，可将房子分为低层、多层、小高层、高层。

低层住宅是指高度低于或等于10米的建筑物，一般是1—3层建筑物，如平房、别墅等。低层住宅一般建筑结构简单，施工期短，建造成本低廉，给人以亲切安宁的感觉，它的舒适度、方便度优于高层。但是，低层住宅占地多，土地利用率低，特别是在城市难以广泛开发。

多层住宅指高于10米、低于或等于24米的建筑物，一般为4—7层，主要借助公共楼梯解决垂直交通，大多为20世纪90年代的住宅。这种住宅一般采用砖混结构，少数采用钢筋混凝土结构。多层住宅一般规格整齐，通风采光比较好，空间紧凑而不闭塞。与高层相比，多层住宅公摊面积少，得房率相对较高，这是很多人喜欢多层的主要原因。一般来说，这种住宅共用部分不足，外观单调，需要爬楼梯因而舒适性较差。

小高层住宅是指8层至12层的建筑。小高层住宅既具有多层住宅的氛围，又是较低的高层住宅，故称为小高层。这种住宅设置了电梯，舒适性较好，同时又兼顾了多层与高层的特征。小高层的房型和多层有些相似，楼间距大、得房率较高、通风较好、采光条件优越；建筑档次高；水电配置精良，一般是双路供水供电，且采用智能化的布线系统，使楼宇更易于管理；居住舒适，安全性高。小高层住宅可以通过多阳台、多露台的设计，使住宅的有效使用面积大大增加，视野更为宽阔，景观更加美好。小高层住宅有多层的房型好、得房率高等特点，又有普通高层耐用年限高、景观系数高、污染程度低等优点，很受购房人欢迎。所以，近年来在各大中心城区，小高层住宅如雨后春笋般越来越多。

高层住宅是指12层以上的建筑。高层住宅可以节约土地，增加住房和居住人口，提高土地利用率。但是高层住宅建设一次性投资大，不仅建筑成本较高，还要配置电梯、高压水泵，增加公共走道和门窗。对于购房者而言，高层住宅的视野会比较开阔，楼层越高，空气质量越好，并且会有较长的日照时间。但是高层住宅由于密集度较高，虽然有电梯，但遇到停电、修理时会很麻烦；另外，高层住宅安全性差，一般会留置多个互相连通的疏散口和楼梯，这为入户偷盗和其他犯罪提供了作案条件；高层住宅还应注意防火，因为一旦发生火灾很难扑救。需要注意的是，如果多幢点式高层住宅建在一起，会产生不规则的高空风，影响居住区的生态环境质量。

二、选择楼层需要结合自身需求

一般情况下，一栋楼的1/3层—2/3层是比较好的楼层，当然这个是有前提的：第一，这栋楼不能太高，最好在30层以下；第二，大楼周边的环境最好没有太大的偏差。以21层的大楼为例，它的最佳楼层在7—14层。

需要注意的是，一栋楼的顶层和底层价格稍低，中间楼层的价格差别不会很大。但是在选择顶层和底层时需要考虑到各自的缺点：顶层阳光直射，冬冷夏热，水压过小，空气较为稀薄。底层空气流通性较差；易受前楼遮挡，影响采光；如果临街噪音会比较大，影响生活的舒适性。

说完一般情况，我们再来分析一下选择楼层时应该注意的其他事项。

1.避免噪音

如果房子临街，且周边环境较为嘈杂，在选房时就要着重考虑噪音问题，此时应该选择高层的房屋，有利于避免噪音污染。如果房子不临街，在小区内部且环境较好，那选择低层房屋就比较经济划算。

2.注意采光，避免遮挡

如果两栋楼的楼间距过小，或者房屋前有高层建筑遮挡，不仅影响视野，而且影响房屋采光。在选择楼层时，为了保证视野开阔，景观良好，日照充足，在楼前有遮挡物的情况下，应该选择相对较高的楼层。在相同的条件下，楼层越高，采光越好。

3.注意污染情况

如果所住区域临街或污染比较严重，在选择楼层时应该选择较高楼层。因为污染物一般会下沉，住在高楼层，污染会相对减少一些。

4.结合家庭成员情况进行挑选

年轻人一般喜欢住的稍微高一些，这时可以选择整栋楼的上半部分；顶层价格一般会比较低，可以进行选择。一些楼盘对18层的定价会稍微低一些，如果年轻人不在乎那些所谓的"楼层风水"，18层也是不错的选择。

如果家里已经有小宝宝，孩子一般睡觉比较轻，对噪声污染和空气污染比较敏感，因此选择的标准就是远离噪声污染和空气污染，那么中高层是比较合适的选择。

如果家中有老人，那么就需要着重考虑老人生活的便利性。为了防止电梯故障等情况出现，选择低层是比较合适的，并且低层的价格也会比高层便宜一些，甚至有些楼盘的一层可能会有小院子，空间利用率也比较高；但是挑选低层时要注意防盗，并且避免空气及噪音污染。

第三章

朝　向

　　朝向是购房者在选房时必须要考虑的重要因素之一，也一直是购房者最关心最头疼的问题。想必大家都听说过，房屋应该坐北朝南，南北通透，这样朝向的房子的确是比较好的。但是房子的朝向，真的只是南北通透那么简单吗？卧室、卫生间、厨房的朝向有讲究吗？带着这些疑问，让我们来仔细讨论一下，究竟什么朝向的房子才值得购买，在朝向上又应该注意哪些问题。

一、什么是房屋朝向

　　所谓的房屋朝向，一般是指房子采光面最大的地方。千万不要小看了房屋朝向的作用，它对建筑物的采光、通风、噪音、节能等方面都会产生一定的影响。房屋朝向好，会让住户感觉到冬暖夏凉；而房屋朝向不好，不仅会影响居住的舒适度，甚至还会因为通风、光照、潮湿等问题，危及住户健康。

二、应该挑选什么朝向的房子

一般来说，房屋最好的朝向，就是我们通常所说的坐北朝南。首先，中国冬夏两季的风向大致以南北向为主，冬季多西北风，夏季多东南风。南北向的房屋，只要户型通透，通风就会比较好。其次，朝南的房屋，采光较好，冬季阳光也一样能照射到房屋的深处，令人有明亮温暖的感觉；到了夏季也会感觉较为凉爽，并且受不到阳光的强烈直射。

那么，是不是房屋一定要朝正南才好呢？其实不一定，因为房屋的朝向，跟地域、地形、风向、周边道路走向等都有关系。房屋朝正南，或正南偏东、偏西15度都是可以的，有时南偏东、偏西30度也很正常。有时东南朝向的房屋，居住舒适度甚至比正南朝向的还要好，因为偏东的房子早上光照较好，而偏南又可以增加光照的时长，所以东南朝向的房子也是很不错的。但是朝南的房子一般来说都价格较高，并且开发商一般会把价格最高、户型最好的房子安排在南边。如果在购房时没有挑选坐北朝南的房子，东南向或者东向的房子也可以作为第二选择。

南北通透的房子，通风采光都相对较好，但别的朝向的房子，也不是不能购买。实际上，每个朝向都有其各自的优缺点，购房者应该根据房屋的实际情况和自身的生活习惯选择合适的朝向。例如，朝西的户型采光虽然较好，但夏天西晒严重，如果不介意下午强烈的太阳直射，那么买朝西的房子也无妨。朝东的房子上午便有阳光直射，采光较好，但是通风不佳，如果有睡懒觉的习惯，不建议购买朝东的房子。朝北的房子一般在大价位上低于朝南的房子，因为朝北的房子存在光照不足的弊端，如果光照不足，房子就容易潮湿、阴冷，对身体健康不利。

朝向优劣排序：

南朝向：南北通透通风好，采光充足，具有冬暖夏凉的特点；

东南朝向：采光相对来说较好，然而通风一般；

东朝向：采光较好，但是通风较差；

西南朝向：采光较好，但是有西晒的困扰；

北朝向：采光最差，夏季会感觉比较凉爽，但是冬季会比较阴冷；

西朝向：西晒时间较长，夏季午后室内会出现暴晒的情况。

三、房屋内部的朝向

通过上文的介绍，想必大家会发现房屋朝南最好，但是不可能所有房间都是朝南的，根据室内房间的用途以及需求不同，布局朝向也会有所不同。购房者在挑选房屋时，要对客厅、卧室、厨房等各个房间的布局进行细致观察，选择各个房间相对应的最佳朝向。

1.客厅的朝向

客厅是一套住宅中使用率最高，使用人数最多的房间。客厅的朝向以南向最佳，客厅朝南，冬日可以有充足日照，在夏日可以感受到凉风习习。房屋客厅朝北，楼层又相对较低，此时业主一定要对楼间距加以关注。如果楼间距过短，会存在采光困难，日照减少等问题。

2.卧室的朝向

对于一居室的小户型，卧室的朝向自然与房子朝向保持一致，以南向为最佳朝向。如果卧室有两三间，各个房间的朝向就会有所不同，此时购房者应以主卧的朝向为主，或以多数卧室的朝向为评判标准，卧室朝南最佳，但最好不要靠外墙。

3.厨卫的朝向

卫生间一般比较潮湿，易滋生病菌，因此要保持采光、通风良好。但是目前很多楼盘的卫生间都是暗间，没有窗户，因此卫生间里有窗户即可，只要通风顺畅，没有必要太在意卫生间的朝向。

由于在厨房做饭时产生大量油烟，靠自然通风很难将油烟在短时间内排出，一般会用抽油烟机或是排气扇向外排气，因此厨房最好不要选择北向。

对于很多首次置业的购房者来说，因为没有专业知识，大部分人买房时都在听销售人员的讲解，而销售人员在介绍楼盘以及房屋结构时一般会回避一些缺点。一旦交房，很多人才发现房屋的实际情况跟想象的相差甚远。学着做个聪明的买房人，从了解"户型朝向"开始，量体裁衣，理智购房。

第四章

容积率

　　容积率是指一个小区的地上总建筑面积与用地面积的比率，通常以地块面积为1，地块内地上建筑物的总建筑面积对地块面积的倍数，即容积率的值。对于开发商来说，容积率决定地价成本在房屋中所占比例；对于住户来说，容积率直接涉及居住的舒适度。容积率越低，居住的舒适度越高；反之，舒适度越低。而对于同一小区而言，容积率较小，则房价较高；容积率较大，则房价较低。一个有着良好居住环境的小区，高层住宅容积率应不超过5，多层住宅容积率应不超过3，但由于受土地成本的限制，并不是所有项目都能做到如此。

一、什么是容积率

　　下面用一个简单的方式来给大家讲解什么是容积率。

在面积为100平方米的地块上建房，每层的建筑面积为100平方米。如果建2层，总建筑面积为200平方米，容积率是2；如果建3层，总建筑面积为300平方米，容积率是3，依次类推。

在建筑层数相同的情况下，容积率越小，居住密度越小，相对来说更舒服。值得注意的是，并不是容积率越小，居住的环境越好。有些小区是高层、小高层、多层等不同类别的房子夹杂而建，较低的建筑会拉低小区的容积率，因此在挑选房子时，还应多加注意建筑本身的容积率。

容积率一般是由政府规定的，一般而言，容积率分为以下几类：

1.容积率低于0.3，是非常高档的独栋别墅项目。

2.容积率在0.3—0.5，是一般独栋别墅项目。小区环境尚可，但会感觉有点密，如果穿插部分双拼别墅、联排别墅，就可以解决这个问题了。

3.容积率在0.5—0.8，是一般的双拼、联排别墅小区。

4.容积率在0.8—1.2，如果全部是多层的话，那么环境绝对可以堪称一流。如果其中夹杂低层甚至联排别墅，那么环境相较而言只能算一般。

5.容积率在1.2—1.5，是正常的多层项目，环境一般。如果是多层与小高层的组合，环境会是其中一大卖点。

6.容积率在1.5—2，是正常的多层＋小高层项目。

7.容积率在2—2.5，是正常的小高层项目。

8.容积率在2.5—3，是小高层＋二类高层项目（18层以内）。如果全做成小高层住宅，环境会很差。

9.容积率在3—6，是高层项目（楼高100米以内）。

10.容积率在6以上，是摩天大楼项目。

二、容积率对人们生活的影响

1.影响人口密度

高容积率的住宅项目意味着小区内房子建得较多，而高容积率的住宅必定会带来高密度的居住人口，最终会导致小区业主的生活舒适度下降。另外，高密度的居住人口还会对小区内的健身场所、儿童活动区域、娱乐中心以及楼宇内的电梯、消防通道形成比较大的压力。频繁地使用会加剧这些设施的老化，所以大家在购买高密度小区时，应该对小区的配套设施提出更高的要求。

2.影响小区内部规划

由于高容积率住宅对土地使用率的过分追求，小区内的楼层普遍会比较高，绿地的比例也会相立减少，从而影响小区内的生活环境与居住品质。另外，楼间距过近、小区内道路狭窄、停车位置不足也是高容积率小区经常遇到的问题。如何合理地解决这些问题，不仅是摆在开发商面前的重要工作，也是购房者提高对小区认可度的关键所在。

3.对安防问题的影响

由于居住密度大，所以出入的人会比较多，外来人员混入小区也相对容易。这就对高容积率住宅的安防系统提出了更高的要求。高容积率的住宅，在安防系统方面一定要跟上，不仅要加大监控设备的密度，而且需要更多的巡逻人员来保证住户的安全。

第五章

得房率

得房率，是人们在买房时特别注重的指标之一。得房率是指可使用的房屋面积与建筑面积之比。一般来说，得房率越高，住户所能够支配的面积越大，但并不是得房率越高越好。一般多层建筑的得房率在88%左右，高层建筑的得房率在72%左右，而办公楼的得房率在55%左右。

一、计算方法

得房率＝套内建筑面积/销售面积

套内建筑面积＝套内使用面积＋套内墙体面积＋阳台面积

销售面积（也称"套型建筑面积"）＝套内建筑面积＋分摊的公用建筑面积（俗称"公摊面积"）。

在计算房屋面积时，计算的是建筑面积，所以得房率太低，不实惠；太高，不方便。一般来说，得房率在80%左右比较合适，公共部分既宽敞气派，分摊的面积又不会太多，比较实惠。

二、影响得房率的因素

影响得房率的因素主要就是公摊面积，公摊面积越大，得房率越低。公摊面积包括两部分：一是电梯井、楼梯间、垃圾道、变电室，以及其他为整栋建筑服务的公共用房和管理用房；二是单元与公用建筑空间之间的分隔墙，以及外墙墙体水平投影面积的一半。其主要体现在以下几个方面：

1.房型结构（几梯几户）。一梯多户可能与一梯二户需要分摊的面积相差无几，因为户数增加了，总套内建筑面积也相应增加。

2.楼盘形态。一般来说，高层住宅得房率最低，小高层住宅次之，多层住宅得房率较高。

3.公共活动区域大小。一般来说，高品质的物业多建有高挑的大堂、宽敞的电梯及室内车库。但这些都会占用大量的公摊面积，使得房率相对较低。

4.何种面积不算作公摊面积？

车库、会所等具备独立使用功能的空间，售楼单位自营、自用的房屋，为多栋房屋服务的警卫室、管理用房、设备房等，都不算作公摊面积。

三、得房率多少合适？得房率越高越好吗？

买了多大面积的房子，不一定就能住上多大面积的房子，得房率的高低一直是购房者心中的一道坎。得房率和购房者的切身利益息息相关，很多购房者把高得房率作为买房的重点考查内容，认为只有高得房率的房子，性价比才是最高的。其实不然，那究竟得房率多少才算合适呢？

一般情况下，多层住宅的得房率最高，基本在85%—90%，小高层住宅得房率约为80%—85%，高层住宅一般在75%—80%，办公楼为55%—60%。

得房率和公摊面积有直接联系，与小区的相关配套密不可分。如果得房率过高，相对的公共部分的面积就会越少，那么就有可能影响楼梯的宽度、大堂的舒适度以及电梯间的数量等。如果一套房子的得房率是100%，那这套房子肯定是没有楼梯和走道的。这样的房子如何住人？还会有人要吗？所以，不能片面地看待所谓的高得房率，主要还得看公摊面积的设计是否科学合理。

得房率过高会导致公用面积减少，居住起来就会感觉拥挤、压抑、不便。比如，高层住宅为减少公摊面积只设一部电梯，那上下班高峰期人们就要长时间等待电梯；为了提高得房率，开发商将过道、走廊建设得非常狭窄，那业主搬运家具、大家电等大宗物品就会很不方便；有些楼盘为了提高得房率，压缩了消防通道的空间，这样会对业主造成潜在的安全隐患。一旦发生火灾等特殊情况，狭窄的通道会减缓人流通过的速度，人们便无法迅速疏散。

第六章

绿化率

在购房时，大家总会关注小区的绿化率，觉得绿化率越高，小区的植被覆盖就越好，环境也更好；但是殊不知，房地产商所说的绿化率其实是一个不准确、不规范的用词，绿化率准确的提法应为"绿化覆盖率"。事实上，法律法规中明确规定，衡量楼盘绿化状况的标准是绿地率而不是绿化率。

绿地率和绿化率是两个不一样的概念：绿化率是指绿化垂直投影面积之和与小区用地之间的比率，相对而言比较宽泛，大致长草的地方都可以算作绿化；绿地率则是指项目规划建设用地范围内的绿化面积与规划建设用地的面积之比，是小区各类绿地的总和与小区用地的比率，主要包括公共绿地、宅旁绿地、配套公建所属绿地和道路绿地等，绿地率的计算要比绿化率严格很多。所以绿化率一般会比绿地率高，而绿化率也只是开发商宣传楼盘绿化时所用的概念，并没有法律和法规依据。

一、绿地率的计算

绿地率＝绿地面积/土地面积

绿地率是规划指标，是居住区各类绿地的总和与小区占地面积的比率。而绿化率是绿化垂直投影面积之和与小区占地面积的比率，例如一棵树的影子很大，但它的占地面积却很小，所以绿地率和绿化率两者的具体计算方式是不相同的。

在计算绿地率时，对绿地的要求非常严格，并不是所有长草的地方都能算作绿地。绿地率所指的"绿地"主要包括公共绿地、宅旁绿地等。其中，公共绿地，又包括小区公园、小游园及其他一些块状、带状的公共绿地；宅旁绿地是指住宅旁边的绿地，但在计算时距建筑外墙1.5米和道路边线1米以内的绿地，是不得计算在内的。此外，还有几种情况也不能计入绿地，如地下车库的绿化，因为这些设施的地表覆土一般达不到3米，在上面种植大型乔木，成活率较低，所以计算绿地率时不能计入"绿地"中。但屋顶绿化等装饰性绿化地，按当前国家的规定，也算正式绿地。

在房地产开发过程中，政府相关部门，在项目规划时要求的就是绿地率这一指标，而不是绿化率。因此，买房除了要考虑位置、户型外，还要关注"三率"，即容积率、绿地率、得房率。一般来说，新建居住区内绿地率不得低于30％，旧区改造绿地率不得低于25％，绿地率大于50％的小区则可称作花园，而绿地率要达到40％左右，才能保证居住的舒适度。对于开发商来说，绿地率较高，建筑密度就会降低，开发商的成本也就随之增高，赚取的利润就会相对减少。

二、绿化覆盖率的计算

绿化覆盖率＝植被垂直投影面积／占地面积

绿化覆盖率是指绿化垂直投影面积之和与小区用地之间的比率。像地下车库这样大面积的地下设施，地表虽然种不了树，但可以种草；又如距建筑外墙1.5米以内的区域，虽然不算正式绿地，但若能种一些草，也可以算作绿化覆盖率。简单地说，在小区规划建设中，只要有草的地方，都可以计入绿化覆盖率，如树的影子、露天停车场中间种草的方砖都可算入绿化覆盖率，所以有些小区的绿化覆盖率能做到60％以上，因此购房者在购房时，一定要注意购买的小区究竟有多少真正的绿地。

第七章

楼间距

　　楼间距是指同一个小区两栋相邻楼之间的距离。楼间距对房子的采光、通风都有很大影响，因此购房者在挑选房屋时，一定要注意楼间距是否合适，会不会给以后的日常生活带来不便。

　　1. 房屋前后间距的一般规定

　　简单地说，如果是普通小区的居住用房，按照国家规定，可以用楼高∶楼间距＝1∶1.2的比值计算，并且楼间距至少要保证在冬至日时，房屋日照时间不低于1小时。

　　2. 楼间距的生活效用

　　楼间距之所以重要，是因为楼间距很大程度上影响着房屋的采光、通风、隐私保护、防噪等生活效用，其中采光效用尤为突出。

　　大家都知道，房子朝南采光是最好的，但是如果楼间距过近，即使是朝南的房子，也可能出现采光不足的情况。很多住过低层的人应该都有体会，低层房子的日照时间普遍比高层要短，尤其是到了冬天，而这往往是由楼间距过近造成的。

一个房子居住起来感觉舒适，除了应该有足够的日照时间之外，还应该具备良好的通风性能。如果楼间距过近，前楼往往会对后楼形成遮挡，使后楼房屋的通风受到影响。

保护隐私是比较受大家重视的一个问题，而楼间距过近肯定是不利于保护隐私的。试想一下，你在家里做什么事，如果对面的住户一抬眼就能看得一清二楚，那这样的房子肯定住着不舒服，如果拉上窗帘，正常的采光又会受到影响。

楼间距过近还会增加噪音污染。在两楼之间穿行的行人、车辆的声音都会清晰地传进屋内，特别是到了晚上，对面楼的电视声、门铃声、麻将声甚至吵架声都会传来，影响人们的正常生活。

除此之外，安全也是一个大问题。有一些小区（尤其是老旧小区），楼间距本来就很近，再加上道旁停满了业主的机动车，如果发生火灾，消防车肯定很难开进小区。所以楼间距过小的小区，在安全上也存在重大隐患。

第八章

认清楼体结构

大家对于楼体结构这个概念可能比较陌生，简单地说，楼体结构是指建筑所用材料，是房屋质量的重要体现。楼体结构主要分为砖木结构、砖混结构、钢筋混凝土结构以及钢结构等。在买房时对楼体结构有大概的了解，购房者可以对房子的质量有更为充分的认识，下面简单介绍几种类型。

一、砖木结构

砖木结构是指用砖墙、砖柱、木屋架作为主要承重结构的建筑，如农村的屋舍、庙宇等。这种结构建造简单，材料容易获得，费用较低。现代的房屋建设已经不用砖木结构，所以在此不多做赘述。

二、砖混结构

砖混结构里的"砖",指的是一种统一尺寸的黏土砖、空心砖。"混"是指由钢筋、水泥、沙石和水按一定比例配制的钢筋混凝土配料。这些配料与砖做的承重墙相结合,可以称为砖混结构住宅。由于抗震的要求,砖混住宅一般在五六层以下,多层建筑多采用砖混结构,如北京很多老楼都是砖混结构的。这是目前住宅建设中建造量最大、采用最普遍的结构类型。

三、钢筋混凝土结构

钢筋混凝土结构的主要承重构件,包括梁、板、柱等全部采用钢筋混凝土建造,钢筋混凝土建筑里又有框架结构、框架—剪力墙结构、框筒结构等。目前15层以下的小高层住宅通常采用框架结构。25—30层左右的高层住宅通常采用框架—剪力墙结构或框筒结构。

1.框架结构

框架结构是指以钢筋混凝土浇捣成承重梁柱,再用预制的加气混凝土、膨胀珍珠岩、浮石、蛭石、陶烂等轻质板材隔墙分户装配而成的住宅。框架结构适合大规模工业化施工,效率较高,工程质量较好。

框架建筑的主要优点如下:空间分隔灵活,自重轻,节省材料;可以较灵活地配合建筑平面布置,有利于安排需要较大空间的建筑结构;框架结构的梁、柱构件易于标准化、定型化,便于装配,以缩短施工工期;采用现浇混凝土框架时,结构的整体性、刚

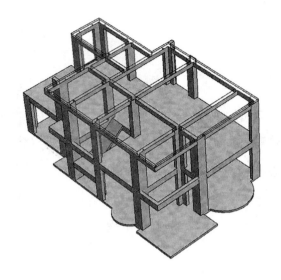

度都较好，能达到较好的抗震效果，并且还可以把梁或柱浇注成各种需要的截面形状。

框架结构体系也有自身的缺点：首先，框架结构的侧向刚度小，属柔性结构框架，在强烈的地震作用下，会产生比较大的水平位移，易造成严重的破坏；其次，框架结构吊装次数多，接头工作量大，工序多，浪费人力，施工受季节、环境影响较大，一般适用于建造不超过15层的楼房。

2.框架—剪力墙结构

框架—剪力墙结构也称"框剪结构"，它是框架结构和剪力墙结构两种体系的结合，吸取了各自的长处，既能为建筑平面的布置提供较大的使用空间，又具有良好的抗震性能。框剪结构中的剪力墙可以单独设置，也可以利用电梯井、楼梯间、管道井等墙体设置。

因此，这种结构已被广泛地应用于各类房屋建筑。剪力墙结构是用钢筋混凝土墙板来代替框架结构中的梁柱。钢筋混凝土墙板能承受竖向和水平力，它的刚度很大，空间整体性好，房间内没有外露的梁、柱棱角，便于室内布置，方便使用。剪力墙结构是高层住宅采用最为广泛的一种结构形式。

框架—剪力墙结构具有框架结构平面的布置灵活、有较大空间的优点，又具有侧向刚度较大的优点。框架—剪力墙结构中，剪力墙主要承受水平荷载，竖向荷载由框架承担。该结构一般适宜用于10—20层的建筑。

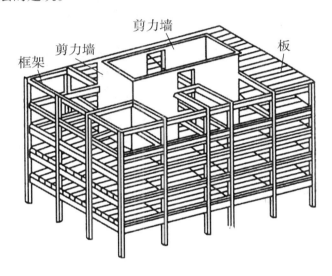

剪力墙

剪力墙

框架

板

3.框筒结构

框筒结构是现在最先进的结构。在框架结构中，设置部分剪力墙，使框架和剪力墙两者结合，取长补短，共同抵抗水平荷载，便是框架—剪力墙结构体系；而如果把剪力墙换成筒体，围成的竖向箱形截面，便是框架—筒体结构。框筒结构具有较高的抗震性，被广泛应用于超高层建筑。整体建筑主要由几大框筒承担重量，单元内的墙体不起承重作用，是真正的活性建筑，墙体可以随意改变，甚至整层都可以随意间隔。

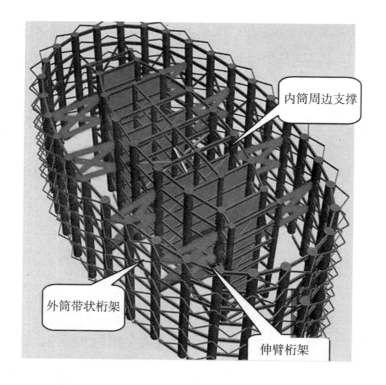

内筒周边支撑

外筒带状桁架

伸臂桁架

四、钢结构

钢结构的主要承重构件全部采用钢材制作，钢材的特点是强度高、自重轻、刚度大，同时由于钢材料的匀质性和韧性好，可有较大变形，能很好地承受动力荷载，具有很好的抗震能力，如摩天大楼、钢铁厂房、大型体育场等。

第九章

塔楼、板楼、洋房，你真的分得清

一、塔楼

首先我们来讲讲塔楼。什么是塔楼呢？塔楼是指外观像塔形的楼。塔楼平面的长度和宽度大致相同，塔楼的高度一般从12层到35层，从一梯4户到一梯12户。一般来说，塔楼分为方形、T形、枫叶形、蝶形等。简单地说，塔楼比较高、比较方；板楼比较矮、比较长。

接下来我们来分析一下垉楼的优点和缺点。

对于开发商来说，塔楼建筑密度大，节约资源，并且塔楼空间结构灵活，便于改造。而对于购房者来说，塔楼的价格较低，结构强度大，抗震性好，如果居住的层数较高，还能居高望远，视野较为开阔。

当然塔楼的缺点也是十分明显的。第一，由于每层的户数较多，因此居住密度大，影响居住的舒适度；第二，塔楼通风采光不如板楼；第三，塔楼的使用率不高，公摊面积较大。

二、板楼

接下来，我们来讲讲什么是板楼。板楼就是东西长、南北短的住宅建筑，整个外观给人的感觉是一块巨型平板一样的建筑住宅楼。从板楼的内部特征来说，板楼的户型通常是南向面宽大、进深较短。南北通透的格局，可以在南北屋都开窗的情况下，形成穿堂风，室内空气流通舒畅。板楼在朝向、通透性、建筑密度、容积率和人均绿化率等方面都较好。

板楼的优点显而易见：1.南北通透，采风通风好，居住环境良好；2.板楼的管理成本、物业费、装修费都要比塔楼节省一些；3.板楼的使用率高，公摊面积比塔楼小。但是其缺点也很明显：相对来说，板楼价格比较贵；而且若是砖混型板楼，户型格局相对塔楼来说更不容易改造。

三、板塔结合

顾名思义，板塔结合就是板楼和塔楼相结合，一栋楼中有些户型有板楼的特点，有些户型则有塔楼的特点。一般的板塔结合的建筑表现为：一栋楼，两端是塔楼户型，中间是板楼户型。板塔结合能兼顾板楼与塔楼的优点，既能给住户提供舒适通透的居住环境，也能提高房屋的安全性，价格相对来说比较实惠，公摊面积也在板楼与塔楼之间。

四、洋房

说起洋房，大家可能首先想到的就是老上海的独栋小洋楼或是其他地方的别墅。但是，如今城市土地有限，房价较高，因此目前市场上的洋房有别于传统意义上的洋房。目前市场上的洋房主要有以下特征：多为11层以下的多层板式建筑，外国建筑风格明显，房屋景观较好，绿化率比较高。

洋房一般首层赠送花园，顶层赠送露台，中间层会赠送阳台；除此之外，还有将户外绿化景观引入室内的户型。洋房可以说是板房中的标准板房。

洋房的优缺点和板楼相似，具有南北通透、采光通风好、居住环境良好、使用率高、公摊面积小等优点；但是洋房的价格可能比板楼还高，若是砖混型洋房，户型格局相对塔楼来说也更不容易改造。

第十章

房子的种类

房屋根据不同的性质，有着不同的分类。购房者在买房时，特别是在买二手房时，一定要弄清楚房屋的性质。因为清楚房屋的性质，才能有效地辨别哪些房可以买，哪些房不能买，哪些房买了之后会延迟取得产权，哪些房买了之后很可能连产权都无法取得。提前了解房屋的性质，不仅有利于选房，而且还能避免之后因为产权问题而产生的纠纷。下面我们详细分析一下房屋的种类以及在购房时的注意事项。

一、居民楼

居民楼主要是指国家实行计划经济体制时建造的房子。这种房子普遍比较老旧，很多小区是开放式的，人员嘈杂，公共空间相对较小，户型设计也相对老旧。但是这些房子总价较低，公摊面积小，大部分居民楼因为位置较好而拥有比较好的学区；且房子大都较老，因而具有拆迁的可能。

二、军产房

现在的军产房基本是不可以上市交易的。军产房一般是指由部队提供土地，开发商出资建造的房子。其房屋产权属军委总部，所有权性质为军产，产权单位是总后勤部。军队产权房屋向地方转让，必须取得总后勤部的审批，否则无权转让或转让无效。因此，购买军产房风险较大，产权难以取得，不建议大家购买。

三、央产房

大家在购买央产房时也应该注意，央产房所属机构主要包括：党政各部门，全国政协机关，最高人民法院，最高人民检察院，国务院各部委、各直属机构，各人民团体及其所属单位。央产房有的可以上市交易，有的则不可以，如部级干部的房产便禁止交易。央产房如果想上市交易的话，必须事先把所要交易的央产房拿到央产房管理中心备案。因此，在购买央产房时，一定要注意该房产有无备案，是否缴纳了相应的土地出让金。

四、校产房

校产房原产权单位为学校，多数校产房也不可以上市交易。校产房若想上市交易，必须得到原单位的批准。此外，校产房的土地性质基本属于划拨，除了获得学校批准外，还需缴纳土地出让费才能获得产权。因此，校产房的产权比较难取得，此类房屋也不建议购买。

五、回迁房

回迁房是指开发商征收土地时，赔给回迁户的房子，是中国特殊拆迁政策的产物。回迁房约占整个二手房市场份额的10%。回迁房的买卖总体分为两种情况：一是回迁房业主有房产证；二是回迁房业主并没有房产证，只持有回迁协议。

在第一种情况下，即业主已经取得该套房屋的房产证，这种回迁房是完全可以买卖的。有房产证的回迁房，满足一定条件，都可以正常交易过户，这对购买者来说十分有保障。然而第二种情况，业主手中只有开发商的回迁协议，并没有房产证，这就需要购房者多留一个心眼儿。如果双方在这种情况下交易，交易双方无法在房地产交易所做公证，不能过户改名。因为该回迁协议只是业主与开发商之间私人的商业协议，并没有得到房管局的认可。双方进行交易时，只能在公证处做公证，待房产证下来后才能过户改名。

另外，需要注意的是，如果开发商拆迁的房屋是商品房，那么回迁房性质，相应的也是商品房。但是如果开发商拆迁的房屋是集体土地上的私有住房，或者是经济适用房，那么回迁房的性质一般就不是商品房。因此，购房者在购买回迁房时一定要查清楚房屋的性质。经济适用房不满五年不得买卖；而集体土地上的私有住房，拆迁后，一般是使用划拨性质的土地建设回迁房，如果这类房产要上市交易，在正式办理过户手续时，需要缴纳土地出让金，并且很可能出现无法过户的情况，易产生产权纠纷。

回迁房虽然价格较低，但是回迁房普遍存在很多问题。例如，回迁房大多面积较小，窗户也较小；楼层比较矮，层高不足两米五；户型不好，房屋内部采光不足，通风较差；小区人口密度大；物业服务水平一般。最重要的是，回迁房大多质量较差，有些回迁房的楼板薄得像纸板，楼上说话楼下听得一清二楚，冬天时房子保温效果差。因此，不建议购买回迁房，即使要购买回迁房也应该仔细挑选，避免出现上文所提到的各种情况。

六、房改房

房改房，是1994年国务院发文实行城镇住房制度改革的产物，是中国城镇住房由从前的单位分配转为市场经济的一类住房，如今又可以叫作"已购公有住房"，是城镇职工按照成本价或者标准价购买的公有住房。

房改房包括折价房和全价房两种。在1981年第一次房改时，职工购房可选择以折价方式或以全价方式购买，折价购买俗称"三三制"，即职工以总价的1/3价格购买；1990年的第二次房改不存在折价购买问题，均按第二次住房制度改革方案计收房款，购房人全额支付房价。我们通常可根据房产证上所记载的内容判别房屋属性。在房产证中，房屋所有权来源的项目栏或备注栏里，折价房改房会记载"折价购买"，全价房改房会记载"全价购买"或"房改售房"。按照成本价购买的，房屋所有权归职工个人所有；按照标准价购买的，职工拥有部分房屋所有权，一般在五年后归职工个人所有。

房改房俗称"单位房"，是之前单位分房留下来的产物。由于都是单位建房单位分房，因此这类住宅的质量可以得到保证，并且小区环境较好，物业服务较好，有较好的学区，房子公摊面积较小，人员结构比较单一，小区安全系数较高。但是单位房也存在一些问题，主要体现在小区公共空间比较狭小，车位不足。虽然现在单位已经不再分房，但是由于中国单位分房政策实行时间较久，现在还有很多小区是单位小区，并且所属单位越好，小区相应的质量和配套也就越好，如果是买二手房，这类小区是不错的选择。但是在购买房改房时，也有一些注意事项。

1.购房时要注意弄清房改房的产权

二手房市场上的房改房无外乎两种，即完全产权和部分产权。当年职工参加房改，购买房屋时，有市场价、成本价和标准价购房三种选择。当年按市场价购房的，产权归个人所有，可以随时上市交易；按成本价购房的，产权也归个人所有，但一般五年后才能进入市场交易，并且交易前要缴纳土地出让金；按标准价购房的，职工拥有部分产权，所拥有的产权份额是按照当年标准价占成本价的比重来确定的。1998年以前，许多职工的住房都是按标准价购买的，按相关规定，以标准价购买的房改房上市时，应先补足标准价和成本价之间的差价。购房者在购买这种二手房改房时，一定要确认该房屋是否已按照成本价补足差价。

2.购房时要弄清房改房的详细信息，并对房屋所有人的情况有大致了解

购房者往往难以辨别房改房的真实年龄究竟有多大。房改房不像商品房那样，会在房产证上标明土地的使用年限，房改房只有在上市交易变成私房，并补足土地出让金后，才会开始计算70年产权，这并不意味着房改房就成了新房子。房改房土地使用年限的起算时间，是以该地块地上，第一个缴纳土地出让金的房屋为准。购房者可以根据房产证和户主的相关证件，到房管局交易大厅查询该

房屋的档案，这样便可以确定房改房的实际年龄。

七、经济适用房

经济适用房是具有社会保障性质的商品住宅，由于使用的土地性质基本为划拨，因此免收土地出让金，大部分收费也实行减半征收政策，具有经济性和适用性的特点。经济适用房主要出售对象是中低收入家庭、住房困难户。

经济适用房价格便宜，有很多房子是新修建的，购买价格比较优惠。但是经济适用房的房屋质量、小区绿化、物业管理以及社区配套设施相比商品房都差很多，并且经济适用房的位置一般不好，基本位于郊区或者城乡接合部，公交线路和可选站点相对较少。

有些经济适用房是可以直接购买的，有些却不能，在买二手经济适用房时，购买者首先要弄清楚所买的房屋是否能上市交易，之后是否可以顺利过户，取得产权。经济适用房满五年并缴纳土地出让金之后，才可以上市出售。出售时，应当按照同地段普通商品住房与经济适用房的差价，以一定比例向政府交纳收益，具体比例由政府确定。由于经济适用房的特殊性，这类房产在交易时存在很大的不确定性，因此在交易过程中，购买者应注意防范一房多卖、长期无法过户等问题。

八、商品房

在中国，商品房是20世纪90年代才兴起的。在市场经济条件下，具有经营资格的房地产开发公司通过出让方式取得土地使用权后，所经营的住宅均可按市场价出售。我们现在购买的一手房以及部分二手房大都属于商品房。

由于商品房是市场经济的产物，其地理位置、房屋质量、小区建设、物业管理等方面都比较好，但商品房的售价及后期物业费用会比较高。在购买商品房，特别是新房时应该注意以下几点：

1.警惕开发商捂盘惜售。新楼刚开盘时，有一些开发商会先把位置不好的房子拿出来销售，好位置的房子反而被保留下来，然后每个月推出几套，其目的是为了在后期的销售中提高价格便于销售。

2.警惕样板房花招。样板房是购房者了解房屋最直观的方式，是衡量房屋质量、结构的参考标准之一。但是，一些开发商有时会利用装修中的视觉误差来诱导消费者。例如，样板房中的床和柜子普遍比实际的要小，这样可以把房屋显得宽敞大气。因此，建议大家在看样板房时，要仔细考察房屋的实际尺寸和结构，不要以样板房的装修标准衡量自己房子的装修。

3.不要轻易交付定金。要在最终确定购买并签订购房协议后再交定金，否则一旦改变主意，开发商很可能会以消费者违约为由，拒绝返还定金。

4.不要轻信开发商的广告宣传。购房者要理性审视开发商的广告内容，并要求开发商把广告宣传的承诺写入合同约定条款。中国法院在裁定商品房纠纷时以合同为准，并不以广告宣传的内容为依据。

5.注意精装房究竟精不精。精装修的房子，尽管房价不菲，但免去了消费者购房后装修的麻烦，还是受到了不少消费者的青睐。一些开发商为了赚取利润，推出的精装房，其装修材质明显与装修价格不符。建议消费者购买精装房时，要在合同中明确精装房的装修标准、所用材质、价格、质量标准及售后服务等内容。

6.注意按揭贷款。一些开发商为了解决资金不足的问题，在楼盘刚开始销售时，便假借自己公司员工的名义，向银行办理按揭贷款以套取资金，然后再将这些房屋出售给购房者，并且要求购房者一次性付清房款。这种房子在办理产权证的时候，往往会有麻烦，甚至很长时间办不下来。

九、商住两用房

商住两用房是指既可以办公又可以居住的房子。商住两用房的土地性质一般是综合用地，土地使用年限一般为50年，但商住两用房的房屋所有权与住宅并无差别，都是永久的。住宅用地的最高使用年限是70年，但是期满后，住宅用地可以自动续期；而非住宅建设用地的土地使用权，在期满后不能自动续期。所以相对于普通住宅，商住两用房的隐性成本其实很高。

十、共有产权房

共有产权房是指购房者和政府共同拥有一套房子的产权。例如，共有产权房的价格为市场同区域商品房价格的70%，那么购房者拥有70%的产权，政府相应拥有剩余30%的产权。据2017年的数据显示，北京尚未销售的2.3万套自住房，以及未来待开发建设的20万套自住房，全部都将转变成共有产权房，未来经济适用房、限价房、双限房等，都将被称为共有产权房。

共有产权房是2017年才提出的概念，大多数人对共有产权房缺乏了解。共有产权房其实是一种伪商品房，未来的市场流通性和投资性基本为零。共有产权房如果不满五年，是不能买卖的；如果一定要出售，就要降价由政府回购。共有产权房满五年之后，如果要卖，需由政府优先回购，并且只能卖给符合共有产权房购房条件的家庭。对于共有产权房的出租，也只能租给符合共有产权房购房条件的家庭。

况且，购买共有产权房比较困难，共有产权房对购买人有如下要求：

1.申请家庭应符合本市住房限购条件且家庭成员名下均无住房；且一个家庭只能购买一套共有产权住房。

2.已签订住房购买合同、征收（拆迁）安置房补偿协议的家庭不能购买。

3.有住房转出记录的家庭不能购买。

4.有住房的家庭夫妻离异后单独提出申请，申请时间距离婚年限不满三年的，不能购买。

5.承租公共租赁住房、公有住房（含直管和自管公房等）的家庭不能购房。

共有产权房由于购买人群特殊并不会降低北京房价，共有产权房的供应增多，商品房的供应量则会减少，商品房会逐渐呈现稀缺状态。共有产权房并不是真正的资产，完全不具有资产的特性，大量兼顾投资的购房需求并不会进入共有产权房领域，因此对市场需求的分流并不会太明显。

第十一章

期房和现房

很多人在买房时都会有疑问，究竟是买期房好还是买现房好，期房现房各有什么优点缺点？既然购买期房存在一定风险，那为什么还要购买期房呢？购买期房和现房都要注意什么呢？下面我们来一起分析一下这些问题。

一、期房与现房怎么区分？

期房是指开发商从取得商品房预售许可证始至取得房地产权证期间销售的商品房。购房者在这个阶段购买商品房时，应和开发商签订预售合同，并且在购买期房后，要等一段时间才能装修入住。

现房是指购房者在购房时，可以即买即住，并且开发商已办妥所售房屋大产权证的商品房。开发商与购房者签订商品房买卖合同后，购房者可以立即办理入住，并取得房产证。只有拥有大产权证和土地使用证之后，商品房才能被称为现房。简而言之，就是我们购买房子以后，可以立刻拥有产权的房子才是现房。因此，购房者在购房时一定要注意，别以为房子盖好，能住了就是现房。

二、买房到底是选期房好还是现房好呢？

如果是在一线核心城市建议购买期房。一方面，一线城市的房子升值较快，如果等房子建好之后再购买，说不定价格已经涨了很多；另一方面，一线城市的房子销售速度很快，新楼一开盘基本就会被一抢而空。如果是在二三线城市，并且房子库存量比较大的话，则建议购买现房。购买现房不仅能实地验房，而且二三线城市的房价上涨较为缓慢，现房的价格也不会比期房贵太多。

下面具体分析一下期房和现房的优缺点，以便大家结合自身的实际情况，进行选择。

期房的优点：

1.期房出售时销售工作刚刚展开，开发商所能提供的全部房屋都还未销售，购房者有大量的选择余地；

2.开发商之所以乐意出售期房，是为了尽快募集资金。开发商会对期房给予较大的优惠，一般来说买期房比买现房，在价格上可优惠10%左右；

3.期房的工程质量可以看到，购房者可以随时监督，提出意见。

期房的缺点：

1.只能看到效果图，没有实物；

2.实物和效果图可能差距较大；

3.建设过程中有工程停顿的风险；

4.由于是先付款后交房，市场行情与价格涨跌难以预测。

现房的优点：

1.现房可以实地看房，而不是看效果图；

2.房屋价格基本稳定；

3.交房不用等太久。

现房的缺点：

1.楼层、房型选择余地较少；

2.现房价格略高，优惠幅度小；

3.隐蔽工程难以看到。

三、购买期房要注意什么？

在同等条件下，期房的价格一般要比现房便宜，因此在购买期房时，可能会获得一定的增值收益。但是购买期房与购买现房相比，购房者承担的风险相对大一些。

1.购买期房时应该注重开发商的实力，以保证期房可以按时完工，并且也能保证建筑质量和小区生活配套。

2.购房者应该详细调查所购房屋的具体情况，包括我们之前说过的户型、朝向、楼体结构等基本问题，还应该详细咨询小区的配套设施等情况。因为购房者无法直接检查所购房屋的具体状况，只有在购房前，尽可能了解相关情况，把各种细节和风险都考虑进去，才能最大程度避免之后与开发商产生纠纷。

3.在交房时，购房者所看到的房子可能与购房合同中所述存在差异，包括房屋的建筑质量、建筑装饰材料、建筑结构、配套设施等，其中最应该注意的是房屋建筑面积的变化和装修情况是否相符。

4.要注意房屋延期交付使用的风险。如果开发商不能按照合同约定的时间交付房子，购买者不能如期入住，房屋的使用居住功能就无法体现。如果购房者购买期房作为婚房，可能婚礼的时间到了房子还没布置好，这就会产生一些麻烦。

5.房产证无法按时取得的风险。由于多方面原因，开发商无法按期获得整个项目的房屋权属证件，购房者也就无法按期获得房屋产权相关证件，可能导致购房者蒙受产权再转换或抵押融资受阻的风险。

6.购买期房时一定要看"五证"。购房者在购房时要查看开发商和销售商是否具有"五证"。"五证"是指《建设用地规划许可证》《国有土地使用证》《建设工程规划许可证》《建设工程施工许可证》《商品房销售（预售）许可证》，"五证"可保证所购房屋属合法交易范畴。预售范围为项目可销售楼盘，购房者务必看清所购房屋是否在预售范围内。

四、期房怎么验房？

期房是正在建造的商品房，因此开发商和购买者会有交房环节。交房时，购房者对房屋进行细心的查检后方可接收。检验期房通常有以下几个流程：

1.查验接收到的《入住告知书》

期房建完经过相关查验后，会按购房者留下的地址邮寄《入住告知书》，购房者在接收到告知书后要细心核实告知书的内容，并在规定的期限内按照要求到指定地址办理手续。

2.按合同检查物业等事宜

（1）检查房子的质量是否合格。通常房子在竣工时有关部门会进行质检，房子质量不会存在太大问题，但购房者最好还是检查一下房子的地面、门窗等处是否存在问题，如有问题应及时要求开发商进行整修。

（2）检查房子的设备。主要包括对房子供水、排水、电路、电话插孔以及预留有线插孔等的检查，同时还要注意检查电表的容量是否适合，能否满足家用电器的需要。

（3）检查公共设备。包括对电梯、楼梯、小区配套设施等进行检查，看小区的各项配套是否完整，有没有按合同修建。

（4）看房子的交付日期是否与合同规定的一致，有无逾期。

3.处理签收手续

购房者对检查的内容没有异议后，可以签收入住，这意味着期房交接完毕；如购房者在验房时有任何问题，都可暂时不签收，并与开发商洽谈。

4.入住

购房者在处理完签收手续后，就可以着手准备入住。

第十二章

"五证一书"公示

购房者在买房时除了注重房子本身的质量，还应该注重房地产商的资质，检查房地产商是否已取得相关部门的批准文件。房地产商在销售房屋时，应该具备"五证一书"，并且予以公示。其中，"五证"包括《建设用地规划许可证》《国有土地使用证》《建设工程规划许可证》《建筑工程施工许可证》《商品房销售（预售）许可证》；"一书"是指《房地产开发资质证书》。

一、《建设用地规划许可证》

《建设用地规划许可证》是建设单位在向土地管理部门申请征用、划拨土地前，经相关政府部门明确所建项目的位置和范围均符合城市规划的法定凭证，是建设单位用地的法律凭证。如果没有此证，那么用地单位就属非法用地，房地产商的售房行为也属非法销售，之后购房者是不能领取房地产权属证件的。

二、《国有土地使用证》

《国有土地使用证》是开发商有权使用国有土地的法律凭证。该证主要载明土地使用者的名称、土地具体位置、土地用途、土地使用面积、土地使用年限等信息。

三、《建设工程规划许可证》

《建设工程规划许可证》是建设单位所建工程符合城市规划要求的法律凭证。

四、《建筑工程施工许可证》

《建筑工程施工许可证》是建筑施工单位在符合各种施工条件的情况下，政府允许开工的批准性文件，是建设单位进行工程施工的法律凭证。没有施工许可证的建设项目均属违章建筑，不受法律保护。当各种施工条件完备时，建设单位应当按照规定，在相关部门办理施工许可手续，领取施工许可证。开发商如未取得施工许可证，不得擅自开工。

五、《商品房销售（预售）许可证》

《商品房销售（预售）许可证》是政府有关部门允许开发商销售商品房的批准性文件。市场上称这份文件为预售证，购房者在购买期房时，检查开发商的预售证是尤为重要的。只有拿到预售证，房地产商的房子才能够出售。

六、《房地产开发资质证书》

《房地产开发资质证书》是房地产开发商在进行房地产开发之前需要获得的文件。房地产开发资质分为五个等级，分别为一级资质、二级资质、三级资质、四级资质以及暂定资质。一般新设立的房地产开发企业取得的都是暂定资质，因此在买房时需要注意房地产开发商的资质证书是几级的。等级越高，开发商的资质越好，实力也就越强。

购房者应注意，房地产"五证"的颁发顺序如下：《建设用地规划许可证》——《国有土地使用证》——《建设工程规划许可证》——《建筑工程施工许可证》——《商品房销售（预售）许可证》。其中前四证齐全，工程投资量超过总投资量的30%，开发商才可以向住建局申请《商品房销售（预售）许可证》。开发商取得预售证，表明该项目在规划、工程、土地使用等方面均通过了政府的审核批准，开发商新开发的商品房才可以上市交易。因此购房者在买房时，检查开发商的预售证是最为重要的。

第十三章

怎样购买二手房

虽然中国现在一手房市场的体量远远大于二手房市场，但是随着城市化进程加快，中国的二手房市场必将壮大。特别是在一线城市，土地资源有限，市区基本已经没有新房，因此大多数人在买房时，考虑到区位因素，不得不购买二手房。

购买二手房的流程较为繁琐，需要注意的事项很多，如果购房者经验不足，可能还会上当受骗，遭受损失。有鉴于此，本章为大家详细分析购买二手房时应该遵循的流程以及注意事项。

一、怎样和中介打交道

中国现今的二手房源，基本被中介垄断，要买二手房免不了和中介打交道。中介相比购房者，对整个市场有更充分的了解，但是中介的目的是促成双方交易，从而取得中介费用，因此中介的行为不一定对购房者有利。在和中介打交道的过程中，购房者务必多留一个心眼儿。

1.中介费用

说起中介费用，想必大家心中有很多无奈，本来房子的价格就很高了，买房还要交纳高额的中介费用。特别是在一线城市，很多购房者家庭还是三代一起凑首付，而中介费用基本在房屋总价的3%左右。也就是说，一套总价300万元的房子，光中介费用就在9万元左右。

中介公司的中介费用基本是统一的，如在北京的二手房市场上，虽然充斥着大大小小的中介公司，但是中介费用一致，是房屋总售价的2.7%，全国各个地区中介的中介费用虽略有不同，但基本逼近于房屋总售价的3%。

按照国家规定，在二手房交易时，中介的佣金费用须在房屋总售价的0.5%—3%，由于国家规定中介费用不得超过房屋总售价的3%，所以大部分中介就把中介费用直接定在了3%这个最高点。了解这个政策之后，大家在购买二手房时，就可以有的放矢地和中介公司进行斡旋，争取以较低的中介费用购买房产。

购房者如果看上了某一套房，那么应该去不同的中介公司看同一套房子。若的确对房子比较心仪，有较大的购买意愿，则可以在看房后，和每个中介公司议价，选择中介费用最低的一家公司进行交易。

2.通过中介购买二手房的注意事项

中介的主要目的是收取中介费用，因此中介会尽力促成交易，那么在交易过程中，中介可能会有意隐藏房屋的一些缺点，引导购房者尽快签订合同，从而更快收取中介费用。

购房属于一次性交易，基本不存在回头客的情况，因此中介很容易蒙蔽客户，大家在买房时刃不可太信任中介，在一些关键问题上一定要亲力亲为，亲自审查。在寻找中介时应该选择大中介公司，因为大中介公司不仅更专业，而且由于品牌口碑等关系，基本也不会出现诈骗等情况；如果在交易过程中出现问题，大中介公司也更有经验，能够更快解决。

二、二手房购买流程

1.看房

一般由中介带领看房。

2.进行购房资质审核

目前中国大多数城市都有限购政策，因此在买房之前要先进行资质审核，确定购房者具备购房资格。

3.认购

资质审核后，购房者需要交纳定金，这笔定金直接交到卖方手里。

4.购房者与中介机构签订商品房购买服务协议

如果购房者已经确定购买某套二手房，那么为了保障双方权益，中介会要求与买方签订服务合同。协议中会明确中介提供的具体服务内容、中介收费等重要信息。

5.中介与买卖双方一起到当地房管部门进行查询

买卖双方确定交易之后，地产经纪人会到房管局查册，查证房子的物业产权是否清晰，是否可以正常上市交易，是否被法院查封或抵押。只有在产权得到完全确认的情况下，买方才能与卖方签署正式的二手房买卖合同；在这之前签署买卖合同，可能存在一定风险。比如，卖方的房产可能是多人共有产权，或者是集资房、小产权房或经济适用房，这些房产的交易都有一定的限制条件，如果签约前不明确产权的具体情况，买方很容易遭受损失。这个环节十分关键，买方一定要仔细审查。

6.买卖双方签署正式的二手房买卖合同

签订买卖合同是二手房交易中最关键的一步。在签订合同时，买方必须对房子的产权状况了如指掌，包括房产所属的地块是通过什么方式获取的，房产是否抵押，房产的性质，等等。

7.到银行支付房款，并到交易中心核价与交税

这个流程分两种情况，第一种情况是买方如果通过按揭方式购房，那么支付的只是首期房款；第二种情况是买方一次性支付房款，那么这时候交付的就是全额房款。应当注意的是，当买卖双方签署完正式的买卖合同后，无论买方是支付首付款还是全款，都应当在银行柜台现场完成交易。支付房款后，要立即到房产交易中心税务部门进行房产核价、核税。

8.到银行申请按揭贷款

如果买方一次性支付房款，无须走这一步流程，直接进入下一步。如果买方是按揭购房，则需要到银行申请按揭贷款，买方需要准备身份证、户口本、结婚证、房屋买卖合同，等等。如果购房者申请的是公积金贷款，则需根据中央国家机关住房资金管理中心（国管）和各省市住房公积金管理中心的不同要求，带齐相关材料。

9.买卖双方到房产交易中心进行产权过户申请

具体来说，买方要准备好身分证、房屋买卖合同、银行的贷款合同、申请书与委托书、完税单，卖方须带房产证。

10.银行发放按揭贷款及交房

对于一次性支付房款的买房人来说，这一步是不需要的。如果购房者是按揭买房，那么购房者办理完过户手续并且拿到房产证后，需要拿着房产证到银行申请发放贷款，一般几天后银行就会发放贷款了。银行发放贷款，卖方交付房产，买方支付余款后，二手房的交易就大功告成了。

三、购买二手房时的注意事项

1.确认产权的可靠度

（1）注意房产证上的房主与卖房人是否为同一个人；

（2）房产证上的面积与房屋实际面积是否有不符之处；

（3）一定要查看房产证的正本，并且到房管局查询所购房屋产权的真实性。

2.考察原单位是否允许转卖

（1）如果购买公有住房，需确认按标准价购买的公有住房是否已经补足费用；

（2）大部分公有住房进行房改时原单位都有优先回购权，因此要确认原单位是否同意出让；

（3）一般来说，军产、院（医院）产、校（学校）产的公有住房必须要原单位盖章后才能出让。

3. 查看房屋是否有私搭私建部分

（1）检查房屋是否占用屋顶平台、走廊，屋内是否有私自搭建的小阁楼等；

（2）检查房屋的内外部结构是否被改动过，如将阳台改成卧室或厨房，将一室分隔成两室；

（3）检查阳台是不是房主自己封闭的，这牵涉到阳台面积应该怎么计算的问题。

4. 确认房屋的准确面积

（1）产权证上一般标明的是建筑面积；

（2）需要确认房屋的建筑面积、使用面积和户内的实际面积。

5. 观察房屋的内部结构

（1）户型是否合理，有没有不适合居住的缺点；

（2）管线是否太多或者走线不合理；

（3）天花板是否有渗水的痕迹，墙壁是否有裂纹或者脱皮等明显问题。

6. 考核房屋的市政配套

（1）打开水龙头观察水的质量、水压；

（2）打开电视看一看图像是否清楚，能收看多少个台的节目；

（3）确认房子的供电容量，避免出现夏天开不了空调的现象；

（4）观察房屋内外电线是否有老化的现象；

（5）确认电话线的接通情况，是普通电话线还是ISDN电话线；

（6）确认煤气的接通情况，是否已经换用；

（7）确认小区有无热水供应，或者房屋本身是否带有热水器；

（8）明确冬天暖气的供应以及费用的收取情况，暖气片数够不够，暖气温度够不够。

7.了解装修状况

（1）原房屋是否带装修，装修水平和程度如何，是不是需要全部打掉；

（2）了解住宅的内部结构图，包括管线的走向、承重墙的位置等，以便重新装修。

8.查验物业管理水平

（1）水、电、煤气、暖气的费用如何收取，是上门代收还是自己去缴，三表是否出户；

（2）观察电梯的品牌、速度及管理方式，观察公共楼道的整洁程度及布局；

（3）小区是否是封闭小区，小区保安水平怎样，观察保安人员的数量和责任心；

（4）小区绿化如何，物业公司都提供哪些服务。

9.了解以后居住的费用

（1）水、电、煤气、暖气的价格；

（2）物业管理费的收取标准；

（3）车位的费用。

10.追溯旧房历史

（1）房子哪一年盖的，还有多长时间的土地使用期限；

（2）房子都有哪些人住过，什么背景，是何种用途；

（3）是否发生过不好的事情，是否欠人钱或者发生过盗窃案；

（4）是否拖欠物业管理公司的费用，以及水、电、煤气、暖气费用的缴纳情况。

11.仔细计算房价

（1）通过和市场上的房子比较，判断房屋的价值；

（2）可以委托信得过的中介公司或者评估事务所进行评估；

（3）银行提供按揭时会做保值评估，可以将这个价格看作房屋的保值价。

12.小心房款和产权的交接

（1）不要随便相信对方的信誉，先交钱再过户还是先过户再交钱是一个重要问题；

（2）可以考虑将房款押在一个双方都信得过的单位，如律师楼或信誉较好的代理公司，等过户完成后，再将房款转入卖方的账户。

13.保证产权顺利过户

（1）必须要在当地房管局办理完过户手续才算真正过户。代理公司、律师、公证的保证都不算完成交易；

（2）从买方的角度来说，房子一定是过户以后才真正属于你，在此之前，卖方随时可以毁约。

四、合同签订需要注意的事项

购买二手房时，一般是买卖双方先签订购房合同，再去进行预约登记，网签，面签。值得注意的是，同业主签订的购房合同才是正式的合同，如果之后购房者同业主出现了任何纠纷都是以购房合同为准。

正规的合同主要有三本：

1.正式的房屋买卖合同

在签订正式的房屋买卖合同时，购房者应该注意合同中的所有条款，并且对所有条款的内容逐一审查，认真思考之后再签字。例如，在房屋买房合同中，一般规定税费由买方承担，但是大多数合同没有写清楚税费的金额。如果买方之前同中介算的时候，税费为2万元，但实际支付时税费却是5万元，这时买方就会遭受一定损失。在签订合同时，为了避免上述情况发生，完全可以规定如果税费超过2万元，则其余部分由卖方承担。

2.房屋买卖补充协议书

房屋买卖合同，是由政府统一颁发的，有标准的格式，如果想更改房屋买卖合同中的条款，买卖双方可签订房屋买卖补充协议，把各自的特别要求都写进去。如果补充协议和购房合同产生冲突，一般会以补充协议为准，所以补充协议的签订很重要。在签订补充协议时，买卖双方还要明确出现冲突后，具体的处理方法。例如，如果按揭无法顺利办理，规定买卖双方具体的责任问题。

3.居间服务合同

居间服务合同是购房者同中介签订的合同，这个合同会决定中介费用的占比，在签订时购房者也要注意逐条审视。

应该买什么样的房子

上文给大家介绍了选房时应该具备的基础知识，以及买房时应该注意的各种事项。大家知道，房子不可能是十全十美的，在实际购房中，要想买到户型好，朝向好，学区好，小区环境也好的房子实在太难了；就算有这样的房子存在，往往房价也会让人望而却步。因此在具备了一定的购房基本知识后，下面几章我们从实际出发，分析实际购房中的选房问题，应该在什么位置选房，应该选什么样的房子。

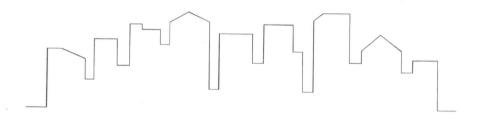

第一章

小区区位因素是关键

小区区位因素是大家在投资房产时首先需要了解的因素，虽然简单，却十分重要。购房者在买房时不仅要分析房子本身的价值，还要综合房子所处的区域，以及周边环境加以分析。市中心的房子和郊区的房子，售价可谓天差地别，不是因为房子本身的价值不同，而是房子所在的区位不同。

因此，区位的优劣是购房者能否买到好房子的关键所在。我们买房买的不仅是房子本身，还买了房子周边的环境和资源，所以在买房时，区位因素十分重要，这不仅关系到购房者之后居住的舒适程度，而且是房子未来能否顺利升值的重要保障。

下面我们着重分析一下买房时应该关注的一些重要区位因素，以及应该怎么根据周围的环境来判断一套房子的好坏。

一、交通因素

交通是否方便，很大程度上影响着房子的售价，也是大多数人选择房子的标准之一。具体来说，便捷的交通主要有以下三个考量标准：第一，离城市中心距离较近或者到达城市中心用时较短，并且能够方便快捷地到达机场、火车站等地；第二，离工作场所或学校比较近；第三，离城市交通枢纽比较近，最好靠近公交站和地铁站，从而能够更加方便地到达城市大多数地方，同时还要注意观察小区周围的路况，避免早晚高峰的拥堵。

在具体购房时，这些交通条件不可能一应俱全，如果是刚参加工作，房子应该买在离工作单位较近的地方；如果家庭中有适龄儿童需要上学，房子则应该买在离学校较近的区域。因此，对于交通因素，大家需要根据自身的具体情况进行选择。

二、教育因素

现在很多人购房，都会把教育因素考虑在内，这也是开发商在销售新房时的一大卖点。由于中国的教育资源有限，在义务教育阶段，中国大部分城市，目前都是按照就近上学原则，即根据房屋所在地分配学校，因此买房便和孩子以后的上学息息相关。所以购房者家里如果有即将入学的适龄儿童，在买房时一定要清楚所购房屋是不是学区房，所属的片区都有哪些小学、中学，是不是好的学区。

一方面，好的学区代表着良好的教育环境和人文环境，不仅能让孩子在一个较好的环境里成长，而且对他们将来的发展十分有益；另一方面，学区房的保值能力和投资潜力都是巨大的。所以购房者在选房时一定要把学区这个因素考虑进去。关于学区房，在之后章节会有更详尽的论述。

三、医疗因素

除了交通、教育因素，医疗因素也是购房者非常关心的一个方面。毕竟大多数人购置一套房产后居住的年限较长，而且现在人们越来越关注自身的健康状况。房子离医院较近，人们看病就医会方便很多，如果遇到一些突发情况，也可以及时就医。

四、环境因素

环境因素主要包括两个方面：一是自然环境因素，主要包括小区周围的景色是否优美，空气是否清新，是否有公园或者绿地，供日常散步健身；二是社会因素，主要考察小区周围的治安情况，观察小区周围是否环境嘈杂，是否具有不安全的潜在因素。

五、生活便利因素

居住的便利性也是购房者在买房时需要考虑的因素之一，一定要确认小区周边有无大型超市、商场、饭店、菜场等，以及小区内部的配套设施是否可以满足人们的日常生活需求。

六、物业因素

很多人在买房时，关心的都是房子本身以及周围环境的情况，很少有人将物业因素考虑在内。物业的服务态度和水平关乎一个小区的环境管理、便民生活和安全保障等问题是否到位，良好的物业不仅能够使居民有良好的居住环境，还能方便居民的生活。在买房时，如果是新房，大家应该提前了解好是哪家物业公司管理小区，最好选择品牌较大、信誉较好的物业公司，提前咨询好物业费，以及物业提供的相关服务。购房者可到该物业已经进行管理服务的小区，进行实地的调查，观察小区的环境，包括电梯是否好用，小区出入是否随意等方面，避免入住后由于物业服务不到位而影响居住的情况出现。

以上所述的六个因素，购房者在选房时都应该予以注意，其中交通和教育资源这两个因素在很大程度上决定了房子之后的升值空间。特别是在一线城市，一线城市的房子本来就供小于求，交通便利和学区较好的房子更是稀少，因此购房者在挑选房子时应该着重考察和分析这两个因素。

上文主要讨论了购房者在购房时应该注意的区位因素，但是购房者在买房时不可能面面俱到，购房者如果想要买到合适的房子，首先要根据实际情况，明确购房需求，把消费需求和投资需求分开。

第二章

分清购房的消费需求和投资需求

现在，房子对于六多数人来说，不再只是住所那么简单，还是非常重要的投资品。可能很多人会持有这样的观点，第一套房是买来住的，不论第一套房子升值与否，都得用来居住，即使房价涨得再高，也不可能卖掉；而第二套房子才算真正意义上的投资品。这种观点是不对的。市场上大多数人在买房时，持有以上这种错误观点，没有分清投资需求和消费需求，因此没办法做好房产投资，不能依靠房子产生的红利来增加自己的资产。

如果现有的资金只够买一套住房，那么这套房更应该是投资品，而不是消费品，这样才能保证资产的升值。购房者在买房时，一定要把购房的消费需求和投资需求分开。特别是在资金有限的情况下，更要注重房产的投资属性，而不是消费属性。

消费需求是指购房者的自住需求。很多人在买房时，首先考虑的不是房子未来的升值空间和发展潜力，而是房子的结构、面积和小区环境等因素。投资需求，是指购房者把房子当成投资品，买房时首先考虑的不是居住条件，而是房子的区位、回报率，以及房子的保值抗通胀能力。

消费需求和投资需求是完全不同的两种需求，购房者在选房时，目标一定要明确，要弄清楚买房究竟是为了提高生活品质长久居住还是投资。大多数购房者会把消费需求和投资需求结合在一起去选房，这样肯定是选不到好房子的。特别提醒大家切不可贪心，不要想着一套房子既住着舒服，又升值很快，将来很好出售。可能说到这里，很多人还是有些疑惑，如果精挑细选，费些工夫难道买不到既是消费品又是投资品的房子吗？下面举一个例子，让大家切实理解消费需求和投资需求的区别。

2015年初，北京西城有一套60平方米的一居室，售价6.5万元/m²，总价390万元；同时，通州有一套120平方米的两居室，新楼盘精装修，售价3.2万元/m²，总价同样是390万元。而如今，西城当时的一居室已经卖到了10万元/m²，房屋总价为600万元；通州的精装两居室，如今却只能卖到4万元/m²，房屋总价只有500万元。当初同样都是390万元，短短三年的时间里，西城的房子就可以比通州的房子多卖100万元，这便是消费需求和投资需求的区别所在。

同一个城市中，不同地区的房产，其升值速度是不一样的，特别是在一线城市，更要考虑清楚买房究竟是为了消费还是投资。在资金有限的情况下，我建议大家先投资再消费，不要想着买一套房就要住一辈子，而是先用有限的资金进行最大限度的投资，通过一步一步地置换，用投资赚来的钱去消费。下面我将针对投资需求，告诉大家应该买什么样的房子，怎么选房，在选房时又要遵循什么逻辑。

想要挑到合适的房子，明确需求很重要，下面通过分析几个大家在买房时都会遇到的问题，来帮助大家进一步理清房产投资的逻辑，让大家更加深刻地了解并且分清购房的消费需求和投资需求。

问题1——同样的预算，购买市区小面积还是郊区大面积的房子？

在经济条件有限的情况下，很多人在购房时肯定会遇到这样一个问题：如果在价格差不多的情况下，是买一套市区的"老破小"还是买郊区的"远大新"？于是，购房者便把这两种房子所有的利弊列举出来，想了许久，也不能决断。其实，这个问题并不复杂，也不难做决定，买房子首先必须明确目的，要明确这套房子究竟是用来投资还是用来自住。我认为，在资金有限的情况下，应该把房子当成投资品而不是消费品，投资的核心是使资金的利用率越高越好。于是，在房子是投资品的前提下，购房者需要思考的问题就是市区的"老破小"和郊区的"远大新"，到底哪种房子的潜力会大一些。

2017年3月，北京出台了最严格的限购令，北京的很多楼盘纷纷降价。其中，降价幅度最大的，是通州和跟通州仅有一河之隔的燕郊。在燕郊地区，降价万元的楼盘比比皆是。而同一时间，海淀区的房价只降了4000元多一点。这个例子意在说明，在同等的市场条件下，郊区的房价肯定比市区涨得慢、跌得快。

在城市圈扩张的过程中，城市中心区房价的平均涨幅要远超其他远郊区域，并且也能够实现更坚挺地稳涨，拥有更加稳定的资产保值能力。再举一个例子，在东京和香港楼市崩盘的时候，价格降幅最低的就是中心区，在经济复苏楼市回暖时，房价反弹最快的也是中心区，这就是为什么要购买市区房产的原因。

我们要分析清楚这个问题，就要了解两个理论：

一是大家熟悉的供求关系。商品的供给越少，需求越大，商品价格自然就会上升。目前北京四环内已经没有新开发的土地，也就是说北京四环内交易的房产都是二手房，房子的量是一定的，不会再增多，但是需求是源源不断的；相比之下，北京的郊区还有很多新楼盘以及没有开发的土地。市区房子的供给量比郊区的要少，但需求量却比郊区大，因此市区的房子肯定比郊区的房子潜力要大。在买房时，大家目标一定要清晰，让有限的资金发挥最大的效用。

二是级差地租理论。级差地租分为级差地租1和级差地租2。级差地租1的专业解释，是指投入不同地块上的等量资本，由于土地的肥沃程度不同或土地的位置不同而产生的有差额的超额利润；级差地租2的专业解释，是由于对同一地块连续增加投资从而有更高的劳动生产率而产生的超额利润。

下面我们举例说明级差地租的概念。假设北京所有地区的房子都是同一质量同一价格，比如每套房都是100万元，但是由于房子的位置不同，人们肯定会进行自主交易，房子位置相对较差的业主可能会以比100万元更高的价格，换取位置较好的房屋，从而市场会形成自动寻价。因此位置较好的房子，价格自然就会上涨，这就是级差地租1。而由于房子的位置好，周围的配套设施日渐完善，房子具有稀缺性，又会让房子价格进一步上涨，这便是级差地租2。

因此，如果大家要投资，那么建议购买市区的小面积房子：第一，小面积的房子，升值空间和潜力都是非常巨大的；第二，小面积的房子总价不是很高，但需求量较大，能够很快变现。但是如果为了住得舒服，不太在意交通成本，那买郊区的"远大新"也尚可。虽说没有市区房子的潜力大，但在一定时间内也会有一定涨幅。

问题2——买普宅还是买豪宅？

相信大家看到这个标题时，第一反应肯定是买普宅，因为根据上述理论，普宅的需求量大，并且可以很快变现，具有升值空间。但其实问题并没有那么简单，房屋的分类按照级别虽然可以分为普通住宅和高端住宅，但是普宅之中也有很多分类，豪宅之中也有等级划分。

这节意在告诉大家，虽然基于投资需求应该买普宅，基于消费需求应该买豪宅，但由于普通住宅和高端住宅有着各自的分类，在购房时除了要分清消费、投资这两种需求外，还要了解房子的级别，从而才可以根据自身的实际情况，更有目的、有规划地置办房产。

1.普通住宅

普通住宅按级别来分，可以分为以下几类：刚需，刚改善，再改善，终改善。就北京的市场而言，刚需房是指能够解决居住需求的住房，一般只能满足日常生活的基本需要，主要是指市区的开间、郊区的开间或一居室。改善性住房是指在刚需房的基础上，面积更大一些、住房条件有所改善的房子，包括市区的一居室或小两居室。

很多单身人士或者刚结婚的夫妻，由于经济条件的限制，购置的第一套房产一般都是刚需房或是刚改善，但是随着孩子的降生，经济实力也有了一定提升之后，就会把先前的房子置换成一套面积稍大的房产，这就是再改善。再改善住房指的是比较大一些的两居室或者是小的三居室。终改善，指的就是正规三居室。

一般来说，普通住宅都具有投资属性，面积越小的住宅投资价值相对来说越高。例如在北京，一套面积为29平方米朝北的开间，可以卖到10万元/m²；在同样一个小区，一套朝南的三居室，仅能卖到7万元/m²；因为在市场上，经济条件一般的人还是占大多数，但是所有人都有住房需求，特别是在一线城市，大部分家庭还是三代人凑首付的购房模式，因此房屋位置越好，总价越低，其投资性也就越强，之后的潜力也就越大。但是这种小面积的房子存在房屋空间太小、朝向不好等问题，因此购房者要是按照自住的观念去购房，肯定不会买这样的房子，所以不要以消费的观念去投资房产就是这个道理。

2.高端住宅

高端住宅按级别来分，可以分为高端、豪宅和顶级豪宅三种类型。高端住宅就是指拥有智能家居、房屋面宽较大、小区位置较好且环境优美的房子。豪宅就是在高端房屋的基础上，面积更大、有更多空间、小区环境不仅好而且还具备会所功能的房子。顶级豪宅在豪宅的基础上，房子的功能更加全备。

高端住宅满足的都是人的享受需求，属于消费品，不是说高端住宅不会升值，而是升值空间有限，并且很难再次出售，市场需求量很小。试想一下，要购房者一下拿出几千万元购买一套二手房，就算在一线城市，这样的人也可谓凤毛麟角，就算购房者有这样的资金实力，肯定也会选择购买新房，而不是二手房。

在分析了普宅和豪宅之后，相信大家对于买普宅还是买豪宅，应该有了一个清晰的认识。购房者首先要明确自己的购房需求，如果经济实力有限，一定要以有限的资金来获取最大限度的投资收益，哪怕先从郊区的开间买起，一步一步地置换，用房屋升值的部分来满足自己之后的消费需求；而不是买第一套房就想着一步到位，想着要买一套面积合适、自己住着舒服的房子。一直在攒钱，却错过了买房的最好时机，这样到头来只能看着房子一点点升值，从而望房兴叹了。

问题3——别墅好不好？

随着中国经济的发展，人们的生活越来越好，对住宅的要求也越来越高，很多具有经济实力的人为了提高生活品质，在购买住宅时会考虑购买别墅。但是，实际情况可能并非大家想的那么美好。为此，本节为大家介绍别墅的分类、优劣以及购买时的注意事项。

1. 别墅分类

别墅可分为以下五种：独栋别墅、联排别墅、双拼别墅、叠拼别墅、空中别墅。

（1）独栋别墅

独栋别墅有独门独院，上有独立空间，下有私家花园，是私密性极强的单体别墅。表现为上下、左右、前后都有属于自己的独立空间，一般房屋周围配有面积不等的绿地、院落。这一类型的别墅，历史最为悠久，市场价格较高，也是别墅建筑的终极形式。

（2）联排别墅

联排别墅有独立的院子和车库。由三个或三个以上的单元住宅组成，一排二至四层联结在一起，每几个单元共用外墙，有统一的平面设计和独立的门户。联排别墅属于经济型别墅。

（3）双拼别墅

双拼别墅是由两个单元的别墅进行拼联而组成的独栋别墅，是联排别墅与独栋别墅之间的中间产品，有宽阔的室外空间。由于国家明令禁止开发独栋别墅，开发商便采用双拼、联排等方式开发，以规避政策。追求独栋别墅的住户，可以在双拼别墅交房后，打通墙体而变成独栋别墅。双拼别墅增加了住宅采光面，使其拥有更宽阔的室外空间。双拼别墅基本三面采光，外侧的居室通常会有两个以上的采光面。一般来说，双拼别墅窗户较多，通风较好，采光和观景都较好。

（4）叠拼别墅

叠拼别墅从字面上看，就是叠加别墅。从外形来看，叠拼别墅类似于把两幢独立的别墅叠加在一起，其内部空间具有独立别墅的一切元素，是一种和独立别墅一样有天、有地、有花园的私密生活空间。叠拼别墅的稀缺性、私密性较单体别墅较差，但相较联排别墅，其优势在于布局更为合理，不存在联排进深长的缺点；而且，叠拼别墅的叠下有半地下室，叠上有露台，虽然没有联排的见天见地，但是优势不减，甚至更为灵动宜人。

（5）空中别墅

空中别墅发源于美国，原指位于城市中心地带，高层顶端的豪宅。一般理解是建在公寓或高层建筑顶端具有别墅形态的大型复式/

跃式住宅。这种类型要求产品符合别墅全景观的基本要求，地理位置好，视野开阔，比较通透。

2.别墅的优劣

别墅的优势显而易见，居住环境较好，面积大，拥有独立的空间，私密性较强，一般来说通风采光比较好，因此别墅目前也受到很多购房者的追捧。但是别墅也有许多不被人注意的缺点，以下我们着重分析一下别墅的缺点。

（1）别墅一般离市区较远，交通多有不便。以北京为例，北京的别墅区大多在顺义区，离市区有几十千米，并且北京交通比较拥堵，要从郊区的别墅区到市区，可谓"跋山涉水"。

（2）别墅周围配套设施欠缺。别墅多在郊区，因此周围的配套设施肯定不能和市区相比，生活的便利程度和所能享受到的城市配套资源都相对较弱。虽然别墅坐落的小区环境都很不错，但是周围的环境较差，居住人群的层次也参差不齐。

（3）别墅周围基本没有好的学区。虽然别墅属于住宅，可以落户口也有学区，但是由于别墅位置本身就在郊区，周围一般不会有较好的学区。按照中国目前就近入学的原则，买别墅的话，一定要考虑好之后孩子入学以及教育环境的问题。

（4）别墅会存在一些安全隐患。别墅冬季都是自采暖，不是集体供暖，不仅花费较高，且由于别墅太大，容易造成冷热不均的情况出现；同时自供暖还容易出现一些安全问题，存在一些安全隐患；再者，别墅楼梯一般较高，如果家里有小孩或老人，很容易出现跌倒跌落的情况。

（5）由于别墅本身面积大，且位置多在郊区，学区不好，就注定了别墅的购买人群相对较少，使得别墅之后较难再次出售；而且别墅的升值空间较小，基本不会有太大的升值。

3.购买注意事项

购房者在购房时，应该注意不要轻信样板间，特别是购买别墅时。中医有个名词叫作"瞻望"，在买房时大多数人会犯这个错误，在看到样板间时，大家都会不自觉地想象自己和家人住在这个房子里的情形，因此在看别墅的时候，大多数人会由瞻望而决定购买，并没有考虑别的因素。这是大多数人会犯的错误，在看房时一定要警惕，切不可仓促购买，一定要考虑好各种因素再做决定。

购房者在投资房产时，理清逻辑很重要，首先要明确消费和投资两种需求，根据自己的实际情况选择住宅，资金有限的购房者更要谨慎选择。购房者还要学会在合适的时机置换房产，通过置换，积累资产。

第三章

城市的板块轮动理论

城市板块轮动理论，是我通过多年的房地产研究总结出来的一个规律。城市不同的区域有着各自的兴衰变化，这些变化莫过于三种：第一种是由盛转衰，第二种是由贫转富，第三种是一直繁荣。这三种情况，在城市中不断轮转，不是固定不变的，有些地区可能先由贫转富，又由盛转衰，过几年可能又会崛起。

中国城市的发展和政府的政策息息相关，也就是说，判断一个地区是否具有发展潜力，必须要了解政府政策以及政府对城市发展的相关规划。中国的城市发展模式大致分可为两类。一类是贴城模式。在这种模式下，城市围绕着市中心发展，从二环发展到三环再从三环发展到四环，一环接着一环，地区之间紧紧相连，像北京、上海都属于贴城模式。另一类是离城模式。所谓"离城模式"，就是政府抛开老城区，直接开发新城区，一片一片地开发城市，城市

应该买什么样的房子

各个区域之间有隔断，像广州、深圳都属于离城模式。

如果城市发展采用贴城模式，那么最好的购房位置一般在城市市中心或者政策扶植力度较大的区域；如果城市发展采用离城模式，购房者想要判定最好的购房位置，就要综合当地的政策以及区域发展的实际情况，进行具体分析。

不管是贴城模式还是离城模式，城市不同区域之间的发展都存在强弱变化。购房者一定要在某个地区处于上升阶段的时候买房，以便保证资产收益的最大化。这也是选好位置的核心逻辑之一。

接下来，本书以北京为例，论述不同板块之间的轮转，教会大家观察不同板块之间的强弱变换，以便购房者能够选对位置，顺利购入房产。

一、方庄

说起现在北京最繁华的地方，大家想到的大多是国贸、三里屯、西单等地，可能对方庄的第一印象就是萧条。但是在20年前，方庄却是北京实实在在的富人区，就当时的环境而言，甚至比如今的三里屯还要热闹繁华。

方庄的繁荣，源于政府的政策。方庄在兴起之前，其实就是一片菜地和坟地。1984年，北京市政府决定在方庄建设一个规划型住宅小区，召集了一批设计师和建筑专家，对方庄进行设计及建设，于是方庄就在政府的扶持下兴起了。

在1995年前后，随着方庄的城市配套设施逐渐完善，这里便成了北京的富人区。方庄当时究竟繁荣到什么程度呢？市区当时只有6层的小砖房，但是在方庄，20多层的高楼林立，商场、公园、医院、学校一应俱全，北京第一家麦当劳就开在方庄的华润商场。方庄的住宅也是最高配置，很多名人明星都居住于此。当时，方庄的新房一开盘就会被抢空，很多外国宾客来北京，第一时间便去参观方庄。

但是方庄在20世纪90年代后期就开始没落了，主要原因有三个：第一，北京别的区域开始发展，逐渐取代了方庄的地位。第二，政府当时在方庄只修建了住宅以及商场等周边配套设施，并没有修建写字楼引入企业，使得方庄的功能太过单一，不能形成商业区以便大量聚集人口；同时方庄的教育资源也比较落后，没有好的学校，在政府颁布就近上学的政策之后，大量居民外迁。第三，方庄的住宅完全是新建的，居民也都是从别的区域迁移过来的，当这个地区开始走弱时，因缺乏凝聚力和情感维系，迁移过来的人自然会迁移到更为繁华的区域。

所以通过方庄的发展轨迹可以看出，地区的繁荣主要由以下两个因素决定：

第一，政府政策

当政府扶持某个区域时，这个地区必然处于一个上升的态势。例如深圳，最开始时是一个小渔村，正是由于政府的大力扶持，才发展起来。

购房者在分析政府政策时，一定要注意政策扶持的力度，要了解清楚政府对这个地区的规划以及定位，从而推导出这个地区将来的发展方向和发展程度。

要观察这个地区建了多少写字楼，哪些企业即将入驻，会有多少企业被吸引过来，又会带来多少人口，等等。这直接决定了该地区对人口的吸纳能力。如果一个地区规划引入的都是制造型、加工型企业，可以想见，今后这片地区的发展就会受限；但是如果一个地区规划引入的都是央企、国企、大型外企及金融机构，那么这个地区以后的发展指日可待。

反观方庄，当时政府虽然大力建设方庄，把它建设成北京当时最高端的住宅汇集区，但是并没有引入企业，这就直接导致了方庄的发展缺乏经济支撑，后来方庄的衰落也就不会显得奇怪了。

第二，地区自身的底蕴，以及良好的发展和吸纳能力

虽说政策很重要，但是政策不是万能的，一个地区能够持续长久的发展，一定得益于自身的底蕴，并形成了良性循环。例如北京东西两城的发展，在很大程度上依靠底蕴，因而并没有因为新兴地区的崛起而显得萧条。

现在很多城市在兴建新区，相比之下，原来的市区虽然显得有些破旧，但是经济大都没有出现下滑，反而市区的房价越来越贵。新区的建立不是为了抢市区的风头，而是为了疏散市区过于沉重的产业和人口。很多人是在市区长大的，生活圈已经固定，除非工作强制调动，不然迁出的人不会太多。一般只有经济实力较弱的人群，才会选择从市区迁往郊区，因此市区的购买力没有下降；而市区因为土地有限，基本不会再建新房，房价才会越来越贵。

购房者在城市新区购房时，一定要注意考察新区将来会不会引入大量企业，新区将来的经济发展如何，有没有经济支撑。因为城市新区基本没有历史，若没有底蕴，只有依靠强大的经济动力，才可以带动新区的发展。新区要自己造血，从而形成良性循环，这样投资才会有前景。

虽然城市各个区域之间在不断轮转，时强时弱，但由于方庄的经济发展和教育水平相对落后，应该不会再度繁荣。目前方庄的优势就是离市区较近，交通还算发达，是三环内价格最亲民的地区。

二、国贸

方庄逐渐没落的时候，国贸却在悄然崛起。随着建外SOHO以及东三环一座又一座大厦的完工，国贸俨然成了城市的中心，是继方庄之后第二个富人聚集处。很多富人从方庄搬到了国贸，这便是北京城市板块的第一次挪动。

当然，国贸的兴起和政府的政策有着密不可分的关系：

1993年国务院批准的《北京市城市总体规划》明确提出，在朝阳门至建国门，东二环至东三环一带，规划建设北京商务中心区。

1998年，北京市规划局在《北京市中心地区控制性详细规划》中，将北京商务中心区的范围确定为朝阳区内，西起东大桥路、东至西大望路，南起通惠河、北至朝阳路之间约3.99平方千米的区域。

2000年6月5日，第76次北京市政府专题会议决定，将商务中心区建设纳入北京市"十五"计划。

国贸在政府的支持下，以迅雷不及掩耳之势建设起来。看着国贸如今的繁华，很多人难以想象国贸以前的样子。其实，老北京人习惯把国贸称为"大北窑"，CBD也被戏称为"China Beijing Dabeiyao"。以前，大北窑是一个村，对于老北京来说，大北窑是郊区的代名词，要是一听谁家住在大北窑，老北京人都会感叹一句，好远啊。因为当年的大北窑，东边是荒地和一片矮矮的居民楼，南边是北京第一机床厂，北边有洗衣机厂，没有丝毫如今的"大都市感"。

国家把国贸定位成北京商务中心，这就意味着这片区域将会有大量的企业入驻，包括央企、国企、外企、金融机构等。随着各类企业向国贸迁移，国贸变得异常繁华。值得注意的是，坐落在国贸的公司并不都是大企业，除了工厂以外，大大小小、各行各业的公司都能在国贸找到。这进一步推动了国贸的繁华，并且奠定了其长久不衰的趋势。

但是并不是最繁华的地区，房子就最贵。大家如果关心房价的话，就会知道，国贸的房价在北京其实并不算高，远远比不上东城、西城二城。国贸的房价和繁荣程度有一些差距，究其原因，主要有三点：第一，国贸地区现在已经发展成熟，成长度较低；第二，国贸地区的潜在购买人群，财力有限且人口流动性太大；第三，国贸附近没有好的学区。分析中国的房价不像外国那么简单，一般在国外，经济越繁荣的地方房价越高；但是在中国，需要考虑更多因素。

购房者一定要注意观察市场，仔细分析，在合适的时机果断买房，这就需要深入了解政府政策和城市的发展。例如，在国贸刚崛起时，你就果断购置了房产，选对了时机和位置，那么肯定会实现房产的巨大升值。

三、燕莎——三元桥地区

燕莎——三元桥地区是在国贸之后兴起的。燕莎地区的兴起，归功于两个方面的原因：第一，1997年，北京市城市规划设计研究院在1993年总体规划的基础上，根据燕莎的地理环境、建设条件和北京未来发展的需要，适当扩大了用地规模，规划范围由三环路向东扩大到西大望路，向北辐射到亮马河地区；第二，燕莎使馆区的建立，以及很多世界知名外企总部的入驻，带动了这一地区的兴起。

燕莎虽然现在也很繁华，但是远远不及当初。2002年，燕莎奥特莱斯开业，这里是北京第一家可以用信用卡结算的地方。当时如果有人能在燕莎奥莱买一件衣服，那是身份地位的象征。很多外地人来北京游玩，把去燕莎奥莱买上一根皮带、一个钱包当成一件非常有面子的事情。这使得燕莎的风头一时无两，社会名流纷纷迁往燕莎。

由于大量外企不断入驻，三元桥地区已经承载不下那么多企业，因此很多外企便选择迁移到位于三元桥北部的望京区域。同时很多外国人也逐渐往那片地区迁移，于是望京地区受到燕莎——三元桥地区的带动而发展，房价也一度飙升。

三里屯本来是一个离城三里的小地方，因为临近使馆区，从1995年的第一家酒吧开业起，这里的酒吧越来越多，娱乐场所也逐渐建设起来。随着三里屯SOHO、太古里的建成，三里屯逐渐成了全北京的娱乐中心，从而发展起来。

燕莎——三元桥区域和国贸一样，虽然繁华，但是区内人口流动性太大，又没有好的学区，因此这块地区的房价一直不算太高。以上可以看出，北京板块轮动的大致顺序是：从国贸开始，之后到燕莎——三元桥地区，最后到望京，一路向北发展。虽然这些地区的房价目前都已稳定，但是当国贸发展到一定程度后，购房者如果能看到燕莎和三元桥的崛起，或是看到望京之后的发展，在合适的时间购入房产，那么就会得到很好的投资回报。

从国贸地区板块轮动的顺序可以看出，当一个地区逐渐发展成熟时，一定承载不了那么多的企业和人口，从而会向周边拓展，此时购房者可以从企业的迁移、城市的建设、政府的规划等各个方面，仔细观察研究，确定下一个即将崛起的区域，从而在低点买入合适的房产。

四、亚运村地区

亚运村的崛起有两次，第一次是在1990年，得益于亚运会的举办。亚运会是中国第一次作为东道主而举办的大型体育赛事。早在1986年，政府就开始在亚运村建设运动员村。和方庄类似，亚运村以前是一块儿荒凉的坟地，为了建亚运村，政府还对附近的乡镇实施了拆迁。亚运会结束后，投资商纷纷入驻，其中最出名的就是北辰集团。后来，随着华侨公寓、高端住宅、文化娱乐场所陆续建成，亚运村变得高楼林立，十分繁华，完全是一副大城市的景象。当时，在亚运村，200多平方米的四居室、24小时热水，老百姓都是第一次见到。随后，外国人和明星便成为这里的首批业主，亚运村不仅成了当时北京最具代表性的高端社区，更是房价的风向标。1995年前后，房价曾涨到11000元/m²。然而，由于交通不便，没有产业支撑，也没有后续的政策支持，亚运村逐渐走向衰落。

亚运村的第二次崛起，是由于2008年北京举办奥运会。在奥运会举办之前，很多程序员多选择在亚运村购房。2008年北京举办奥运会，修建了奥林匹克森林公园，北三环到北四环这片区域很快被建设起来。这片区域毗邻公园，旁边就是鸟巢和水立方，不仅环境优美，而且商业配套也日趋完善，于是富人又再一次向亚运村迁移。盘古大观建成后，刷新了北京豪宅的销售价格，也曾轰动一时，奥体周边的房子也像雨后春笋般冒出。

此时，中关村的程序员已经买不起亚运村的房子了，于是他们开始向北边的上地、清河迁移。同时由于中关村逐渐饱和，很多原来在中关村的企业也逐渐向北搬迁，形成了上地产业园，于是上地的房价随之上涨。这时，很多在上地工作的人又开始向更北边转移，经济实力好一些的，会把房子买在回龙观；而经济能力稍差的，就会在西三旗定居。

随着奥运会的结束，亚运村不是商业办公区，企业大多是私企，也没有好的学区资源，既没有经济驱动力，资源又相对缺乏，该地区再次呈现逐渐衰弱的趋势，房价也有所下降，平均房价仅在六七万元/m^2。而当初的盘古大观，如今的售价也和开盘时的价格差不多，没有上涨多少。

从亚运村板块的迁移路线可以看出，亚运村板块的移动主要受中关村影响，程序员是亚运村区域的购房主力。从亚运村搬迁到清河，从上地搬到回龙观，再搬到西三旗，都是因为居住用地和企业用地的饱和，人口不得不往周边地区疏散。综合国贸地区的板块移动可以看出，城市板块的兴起和城市区域的饱和度息息相关，不管是企业用地的饱和，还是居住用地的饱和，都会带来人口迁徙，从而导致新兴地区的出现。

五、东城和西城

北京的东城和西城一直是北京的中心。中央政府，多数国家机关，很多央企、国企都坐落在这两城。金融街和金融机构总部基本坐落在西城；大部分央企、国企，国家机关都坐落于东城。虽然国贸聚集了很多企业，但是并不能撼动东西两城的地位，影响东西两城的发展。

除此之外，东西两城还是老北京的聚集区，区内经济较为发达，并且还拥有北京最好的教育资源，在这几个方面的综合作用下，东西两城的房价一直很高。北京是全国的中心，而东西两城是北京的中心。在古代，东西两城是北京的内城，其他区域属于外城，因此东西两城还有着深厚的底蕴，不论北京别的地区怎么变化，东西两城的房价肯定会一直坚挺。随着中国的发展，在政策的推动下，东西两城虽是老城，但是未来的发展潜力非常巨大。

六、万柳

2010年，国家颁布学区房政策，导致北京的学区房受到追捧，至今依然炙手可热。万柳地区有着北京最好的学区，像中关村一小、中关村二小、清华附小、人大附小、一零一中学都位于万柳，特别是习主席的母校——八一中学，也坐落在此。

由于学区房政策的推动，万柳的房价水涨船高。在万柳，很多四五十年前的老砖房，都已经卖到15万元/m²了。在这里，还建成了一系列豪宅，很多富人为了让子女接受良好的教育，纷纷在万柳买房。即使是经济实力有限的家庭，也会集一家三代之力，只为求得一个学区房。

好的学区房，需求量大且数量稀少。根据中国的国情，就近入学的政策在短时间内是不会改变的，因此学区房的确是一个非常好的投资品，万柳地区因为学区房发展起来，也在情理之中。

七、丰台

买房一定要买在好位置。本书在前文一直强调，想要房子潜力大，购房者就一定要在城市的新兴区域购房。目前，对于北京来说，丰台就是国家大力发展的新兴区域，是北京最有投资价值的地方。

丰台是北京六城区之一，近年来受政策因素的影响，丰台地区的发展十分迅速，不仅建立了大量的办公楼，周围的配套设施也趋于完善。特别是在2009年，北京市政府决定建立丽泽金融商务区之后，丰台逐渐兴起，是北京冉冉升起的一颗新星。经过多年的建设，丽泽金融商务区已经初见雏形，丽泽金融商务区是带动丰台发展的关键区域，有着相当重要的地位。

丽泽金融商务区是北京市和丰台区重点发展的新兴金融功能区，集居住和办公为一体。丽泽金融商务区的一项重大职责，就是承接金融街金融中心的职能。根据政府的规划，以后金融街的很多金融机构可能被疏散，而丽泽就是这些金融机构的主要承接地。

简单地说，丽泽以后将会成为北京新的金融中心，其地位之重，可想而知。目前，中国金融股份有限公司、中华联合保险控股股份有限公司等金融机构总部已经落户于此。除了金融机构的总部外，国内外大型企业的总部也会落户丽泽，如中国铁路物资股份有限公司已经入驻。丽泽金融商务区是国家重点开发项目，是北京之后的重点发展区域，该地区有很大的投资空间，将会成为北京板块轮动的下一个区域。

丽泽金融商务区除了承接金融街的金融职能之外，其交通枢纽地位也不容忽视。丽泽处于京津冀经济圈的核心位置，是该区域一小时交通圈的枢纽。目前，政府已经决定在丽泽北区设置新机场的城市航站楼，这意味着新机场建成以后，丽泽的城市航站楼将成为一个重要的枢纽。市民出行时需要在丽泽的航站楼办理相关手续，换取登机牌，之后便可乘坐快轨，直接到达机场登机。另外，政府建设的地铁14号线、16号线以及规划建设的远期11号线，可将丽泽与中关村、国贸、望京等重点区域直接连接，同时通过北京南站、丰台火车站等重要枢纽，将丽泽与雄安、滨海新区等地相连，增强丽泽金融商务区对外的辐射作用，有效促进津京冀协同发展。

北京丽泽金融商务区的开发建设，不是一蹴而就的，大致可分为三个阶段：第一个阶段是2009年到2010年，主要完成丽泽金融商务区的发展规划，包括详细规划各类专项建设，推进城市基础设施建设，改善城市面貌，全方位开展招商宣传等；第二阶段从2011年到2015年，用五年左右的时间，基本形成丽泽金融商务区的建设骨架，全面完成土地一级开发，建成高水平的城市配套设施，为该区的机构和人员提供高品质的商务和生活服务，同时吸引一批知名金融机构及大型国企率先入驻，让产业集群效应得以初步显现；第三个阶段从2016年到2020年，政府计划再用五年左右的时间，基本完丽泽金融商务区的主体建设，使之成为成熟的高端金融商务区。

目前，丽泽金融商务区的建设已经接近尾声，而该区域的二手房房价却没有大幅上涨。作为一个国家重点项目，丽泽金融商务区的兴起是必然的，之后丽泽的房价很可能会超过10万元/m²，和现在的市区相当。虽然丽泽金融商务区已经规划建设了很久，但很多人没有意识到丽泽将来会有巨大的发展空间，这也是大多数人无法利用地区崛起的机会而快速积累资产的原因。想做好房地产投资，让资金效用最大化，购房者必须要做足功课，不仅要学习房地产的基本知识，还要实际看房，并且随时关注市场，了解市场行情。

买房，位置最重要。一个城市中，正在崛起的区域，其房子的潜力肯定是最大的，也是最值得购买的。但购房者一定要注意判断该区域的发展前景究竟如何，一定要参考政府的政策及对城市发展的详细规划。

除此之外，购房者在赊房时，想要选到好房子，还必须明确房子的购买力如何，只有房子的购买力较大，潜在需求量较大时，房产的潜力才会比较大。

第四章

房屋的潜在购买力

　　房屋的购买力，是指房屋潜在的购买需求，当房产再次出售时，将来购买的人越多，房屋的潜在需求量越大，那房屋升值的潜力也就越大。

　　如果一个地区的房子，潜在需求量比较大，那么通常会具备以四个特征：第一，房子稀缺，刚需量大；第二，地区经济较为发达；第三，购买人群稳定，流动性较小，流动性较大导致转手率较高，从而拉低这个地区的房价；第四，购买人群有足够的资金实力。

　　下面，仍以北京为例，针对不同区域进行分析，详细地告诉大家在买房时如何判断房子的潜在购买需求。

一、朝阳区

朝阳区经济发达，在国贸、燕莎——三元桥、望京一带，企业众多，有足够的经济支撑。

朝阳区是一个新兴的区域，是在近20年内才发展起来的。这里老北京人较少，特别是如今最繁华的国贸片区，以前都是北京的郊区。因此朝阳区的底蕴稍差，居住的大多是外来的新北京人，人员稳定性稍弱。

在朝阳区具有购房能力的人，可分为三类：第一类是外地富人；第二类是外国人，包括外企高管以及一些使馆工作人员；第三类是企业高管以及薪资较高的白领。由此可以看出，在朝阳区有购房需求的人，流动性较大，很多人可能不会在北京定居，房子的转手率高。比如，经常会有企业高管因为工作调动而在短时间内把房子卖出的情况出现，此时房子的成交价格必然会降低，因此把这个区域总体房价拉低。

另外，朝阳区虽然繁华，但是这里并没有好的学区，不管是北京本地人，还是外地人，只要在北京定居，免不了结婚生子，而学区房就成为每个家庭的刚需。因为朝阳区没有好的学区，很多有经济实力的家庭不会选择在此购房，所以也导致了朝阳区房价稍低。

总体来说，朝阳区虽然繁华，但房子升值空间有限。2017年底，国贸附近的平均房价稳定在每平方米七八万元，对于国贸CBD的地位和地段来说，这个价格是偏低的。但由于此地具有强有力的经济支撑，房价并不容易跌落，因此朝阳区的总体房价应该比较平稳，会随着城市房价整体的涨动而波动。

二、东城区

东城区的经济也比较发达，虽然相较朝阳区显得稍弱，但是国家部委位于东城区，央企、国企等大型企业较多，同时也不乏外企、私企。

东城区地处北京东二环，地区底蕴比较深厚，虽然也有一些外地人，但是很多老北京人居住在此，因此东城区的人口相对稳定。

东城区有比较好的学区，很多居住在朝阳区的人，为了孩子能够接受更好的教育，会把朝阳的房子置换到东城，因此东城区的房价略高于朝阳区。另外，东城区有很多老北京人，有着一代代留下的房产，进行房产置换的家庭也很多。

东城区的经济发展远比不上国贸地区，也没有国贸地区那么繁华，但是平均房价在 10 万元/m² 左右，就是因为这里有较好的教育资源，潜在购买力很大，很多有经济实力的人会在东城区购置房产。

三、石景山区

石景山区和东城区、朝阳区不同，是北京西边的一个区域，虽然离金融街和长安街都不远，但由于地处八宝山附近，城市发展受限，区内几乎没有什么大的企业，经济并不发达。

就底蕴而言，石景山区之前是钢铁企业所在地，虽然钢厂都已经搬迁，但是这个地区的很多居民都是以前钢厂的老职工，由于没有企业聚集，石景山区的产业比较落后，对新北京人无法形成吸引力。一部分在金融街工作的人，考虑到石景山区与工作地的位置较近，交通方便，可能会选择在此购房。但是相较大兴区，石景山区的房价更高一些，如果只是考虑到交通因素，那大多数人可能还是会选择在房价相对便宜的大兴区购房。

除此之外，石景山区的教育资源是北京城六区最弱的，区内相对来说好一点的学校，对学区房的限制也很多。因此，总体来说，石景山区房产购买力较弱，由于没有足够的购买力支撑，该地区房子的投资潜力也不大。

四、西城区和海淀区

西城区和海淀区的情况比较相似，西城区和海淀区都有强有力的经济支撑，西城区有金融街，海淀区有中关村。

西城区和海淀区的底蕴都比较深厚，西城区内有很多国企和金融机构，因此西城区的赎房人群主要以老北京人、企业高管等为主。这类潜在购买人群不仅经济实力雄厚，而且人员稳定，基本不会出现为了快速出手房产，从而降低房价的情况，因此西城区的房价比较稳定。海淀区有中关村的带动，企业管理人员及工作多年的企业员工都有足够经济实力，他们一般会在海淀购房。

西城区和海淀区的教育资源也是全国最好的，很多具有经济实力的人都会往这里聚集。一些家庭，本来在别的区域居住，但是为了孩子上学，宁愿换房，也要在这两个区内买一套"老破小"供孩子上学。可以看出，在供给一定但需求无限的情况下，这两个区域的房子潜力无穷。

其中，西城区地处西二环，是中央的办公区，政治地位很高，且西城区的学区比海淀区的学区更好一些，因此西城区房产的投资潜力比海淀区的更大。

五、丰台区

目前，丰台区是北京最有发展潜力的一个区域，特别是丽泽金融商务区及其周边的西城板块崛起的拉动。丽泽金融商务区是国家重点开发区域，以后将承接金融街的很多职能。不久的将来，丰台区的经济体量肯定会呈现一个飞跃式的增长，同时也会有越来越多的企业入驻，不仅会促使丰台区人口实现比较大的增长，而且将会带来一大批的购房需求。

但是目前很多人对于在丰台区购房还是有些迟疑的，因为丰台区并没有好的学区作为支撑。首先，丰台区的房子，特别是丽泽金融商务区附近的房子，潜力都是巨大的。如果孩子不着急上学，可以先在这个区域购房，持有几年时间，等房子升值后，再进行置换。其次，经济的发展必然带动交通、医疗、教育的发展，可能等丽泽金融商务区建成之后，政府便会着手解决丰台区的教育问题，迁入比较知名的小学和中学。那么在丰台区投资的房产，可能摇身一变成为学区房。

总体来说，丽泽金融商务区以及相邻的西城板块和广外片区，今后肯定会获得大机遇大发展，而在丽泽金融商务区完全发展起来之后，将来的购买人群也不仅仅局限于新迁入的人口，而是整个北京乃至环京地区有条件购房的人。可以预见，丽泽金融商务区板块将会成为北京下一个炙手可热的地区。

六、昌平区和大兴区

昌平区和大兴区这两个区域都是北京的郊区，具有很大相似性。

就经济来说，昌平区和大兴区的经济都不发达，由于地价较为便宜，这两地也是很多小工厂和小公司的聚集处，缺乏大型企业。昌平区和大兴区也没有太好的学区，好学区基本都集中在市区，并且这两个区域在开发之前都是菜地或者荒地，没有太多的底蕴，人口不多。

这么分析下来，是不是说昌平区和大兴区没有投资价值呢？其实不是的，投资郊区和投资市区的逻辑是不一样的。如果有足够的资金，肯定是先投资市区，如果没有那么多资金，那就再考虑郊区。

投资房产要遵循的核心逻辑就是要投资升值较快的房产，那在郊区什么样的房子才会升值比较快呢？要想回答这个问题，就要回到供求关系上。供求关系不仅是很多经济问题的核心，也是理解房地产市场的关键，只有在商品需求量大但供给相对较少的时候，价格才会提高。同理，在郊区购买房产和市区一样，要考虑清楚房产的潜在购买者是谁，这样才能知道，郊区什么样的房子需求量是最大的。

昌平区其实是海淀区的延伸，大兴区则是西城区金融街的延伸，那么昌平区的第一大购买人群肯定是在中关村上班的白领；而大兴区的第一大购买人群则是在金融街上班的白领。白领的经济条件有限，就算在北京郊区，白领也买不起太贵太大的房子。由于上下班的通勤问题，大多数白领愿意住在地铁旁边，于是就可推测出，在昌平区和大兴区，地铁附近的小户型房子肯定是需求量最大的，这样的房子既有升值空间以后也很好出售。

其实，在这两个区域还有很多比较便宜的别墅项目，但并不推荐大家购买。因为这两个区域本来潜在的购买力就较弱，很少会有人有购买高端住宅的需求，如果真的在大兴区买了一套别墅，不仅

应该买什么样的房子

升值慢，以后的出手也会非常困难。

在此，想再一次告诉大家：买房时一定要认真深入地考虑，选房技巧以及应该注意的问题都是围绕供求这个最基本的关系展开的，所以在买房时首先应该思考的就是供求。上文给大家介绍了丰台区的情况，并建议大家投资丽泽，因为丰台区的丽泽板块是北京目前最有发展潜力的一个区域，未来必将有大发展。其实背后的逻辑还是供求，因为随着大量企业的入驻，丰台区成为连接北京和雄安的交通枢纽，可以预见，以后丰台丽泽板块的购房需求肯定会呈爆炸式增长。

如果购房者还想看得更远，对房地产市场有更深的预见性，那必须要考虑到房产升值之后的贬值。所有的房子，有涨便有跌，想要更好地踩准房地产市场的节奏，不仅要知道房子什么时候会涨？会涨多少？更要知道房子涨价了之后是否还会跌？什么时候跌？跌多少？

大家一定感到奇怪，为什么本书一直在强调丰台区，并没有提及通州区，绝大多数人会觉得通州区作为城市的副中心，应该才是北京房产升值最快的地方。我下面为大家分析一下通州区，并以通州区为例，告诉大家应该怎么更深入地认识房地产市场。

七、通州区

在宣布北京市政府要搬到通州区后，通州区的房价可谓水涨船高，连政府都出台了严厉的限购政策。之前在通州区买房的人，基本都是低价购入的，无疑享受到了巨大的政策红利。但是如果2017年之后，在通州区买房，那之后是否升值就要两说了。

中国城市的发展大都是这样一个脉络：当城市发展到一定阶段，市区已经饱和的时候，大多数城市会兴建新区，随之而来的就是政府搬迁。北京也不例外，北京市区已经饱和，并且北京市区还存在着中央和北京市政府两个班子，两套体系。

在别的城市，政府搬迁到新的区域，虽然会引起当地房价的上升，但是上升不是持续的，一般过不了多久，房价又会有所下降。因为政府虽然搬过去了，但是产业并没有搬过去，人口也没有搬过去，那么实际的购房需求根本就不会增加多少。所以，通州区远远没有丰台区有潜力的原因就在于此。丰台区是实际的产业搬迁，是大量的人口迁移，并且丰台区还是一个重大的交通枢纽，所以丰台区之后房价的上涨，肯定是持续稳定地上涨。反观通州，由于政策利好，通州区的房子虽然升值较快，但是最终还是会因为没有大量的刚需和繁荣的经济支撑而有所回落。

同理，亚运村也是一样。为什么亚运村会几起几浮，原因就是亚运村的兴起，完全是因为兴办体育赛事，享受的是政府红利以及体育赛事产生的积极效用。当这效用一过，没有实际产业和大量人口的迁入，没有好的学区作为需求支撑，亚运村的房价最后还是会走低。因此大家在投资房产时，要看到地区的上升趋势，也要看到上升之后的下降趋势，仔细分析需求，才能找到好的位置，把握好购房的时机。

八、北京其他区域

经过上述分析，相信大家在买房时，对于每个区域该如何进行判断和分析，已经有了比较深刻的了解。对于没有明显上升趋势的地区，只有通过综合分析和比较各方面的因素，才能判断未来的购买人群和购买需求，从而选择合适地区的合适房产进行投资。下面本书对北京其他区域稍作分析，以便让大家获得更为深刻的理解。

亦庄经济开发区。亦庄是从大兴区分离出来的区域，虽然在位置上离金融街及国贸较远，但亦庄环境较好，一些在市内工作的白领也会在此购房。另外，亦庄有许多私企以及工业园区，在当地工作的人群也是购房的主力，但由于该地区没有学区，购买人群也相对单一，需求量不大，因此房子升值空间有限。

顺义区。想必说起顺义区，大家都会想起顺义区的别墅区，觉得既然很多富人名人都在顺义区买别墅，那是不是顺义区的别墅就有投资价值呢？其实不然。虽然顺义区有别墅区，但目前大多数名人或者富人还是会选择住在市内，因为这部分人平时的工作地点大都在市内。虽然郊区环境好，但是住在郊区交通成本太高，因此顺义区的别墅区价格也只是比当初开盘时微微上涨了一些。机场虽然在顺义区，但是顺义区的企业却不多，使得这里没有经济支撑；并且顺义区还是各个物流的集散地，外来务工人员较多，这部分人尚不具备购房能力，因此顺义区的购房人群相较亦庄来说有些薄弱。

密云、平谷、延庆。以上地区都属于度假地产，是人们平时周末游玩的去处，度假地产一般都涨价很慢，用作投资没有操作意义。另外，就目前的布局来看，雄安新区和北京的副中心，分别在北京的南面和东面建立，会使北京的资源相对更向南边倾斜，所以不建议大家在这个区域投资房产。

经过上述分析，想必大家对于买什么样的房子，在哪里买房，已经有了比较深刻的认识和了解。购房者在买房时必须分清投资需求和消费需求，在此基础上，去找在自己经济范围内投资价值最大的地方。

如果经济实力充足，建议买市区的房产；如果经济实力稍弱，可以先在郊区购买，一步一步进行置换，享受房产升值的红利。

在买房时，一定要分析清楚城市板块的运动轨迹，争取在区域处于上升期时购入房产，实现投资价值最大化；同时要分析房产的潜在需求，潜在需求是房产再出售的保障。

充分了解房产的投资逻辑后，下面本书为大家介绍几类现在市场上比较敏感的房产类型，分析购买不同房产的利弊，以及购买时应该注意的事项。

第五章

商住两用房怎么样

商住两用房是指既可以居住，又可以注册公司办公的房子，这种房屋的土地性质一般属于综合用地，在土地使用权期满后，不能自动续期。商住的房屋使用权和住宅一样，都是永久使用；如果有其他规划，使得商住的房屋需要被拆迁，则商业补偿按照1∶3赔偿，为住宅的3倍。

商住两用房兴起，是因为目前市场上，商业用地的供应量及商业项目的库存量都非常大，但写字楼市场基本已经饱和，所以房地产商纷纷改变风向标，把商业项目做成容易去化的公寓产品。由于一线城市限购，很多没有购房资格的外地人便转而购买商住两用房，使得商住两用房的价格上涨较快。

但是在北京颁布了商住两用房的限购政策后，不满足购房条件的外地人便不能购买商住房，同时在很大程度上，也限制了商住房在个人之间的流转，逐渐使商生房回归商用。因此，大多数人觉得商住两用房的前景越来越不明晰，不知道手持商住房到底是福是祸。

一、商住两用房的优点

1.周边商超、公共交通方便

相较普通住宅，商住两用房周边的商业配套较好，而这种房子的选址，一般更偏向年轻人、上班族的需求，基本临近地铁、超市，无论是生活配套还是交通出行，都非常适合人们居住。

2.面积小，单价低，带装修

商住两用房普遍面积小，容积率高，所以房子总价较住宅低，再加上商住房基本自带装修，可以实现拎包入住，所以受到不少年轻人的喜爱；同时购房者的经济压力也较小，对年轻人来说是一个相当不错的选择。

3.不限购，不限贷，无购房限制

很多人会选择转向购买商住两用房的一个重要原因是现在越来越多的城市开始有了购房资格的限制。无论是限购，还是限贷，只要不满足条件就失去了购买普通住宅的资格或者是因为非首套房而压力倍增。购买商住两用房价格便宜，在很多城市也不受政策限制的影响，还能满足购房者的投资、居住需求，是一个很不错的选择。

二、商住两用房的缺点

1.一般不能落户

商住两用房区别于普通住宅之处在于它无法实现落户。对于想要购买学区房的家庭来说，商住两用房并不是一个好的选择，即使房子周边有好的教育资源，无法落户便无法获得入学资格。

2.首付比例高

普通住宅在贷款买房时，一般只需付30%的首付即可，但是商住两用房的首付比例要求一般为50%；商住房的贷款年限也要比普通住宅低，普通住宅的贷款年限最高是30年，而商住两用房贷款年限最多为10年；同时商住房的贷款利率也比普通住宅高，而且贷款时还不能申请公积金贷款。总体算下来，购置商住两用房虽然总价低，但是有很大的隐性成本。

3.公摊面积较大

商住两用房的得房率大约在50%到70%，很少会超过70%；相较住宅，虽然其单价低，但是得房率方面是远远不及的。

4.房子升值较慢

商住两用房的升值较住宅慢很多，可能同一个区域的住宅和商住两用房，住宅从开盘以来，其价格已经上涨很多，但是商住房只比当初的开盘价略有涨幅。因为商住房不能落户，土地使用年限也比住宅要短，升值空间有限。

5.生活成本高

商住两用房虽然是商业和住宅的统一体，但水、电、气等费用还是按照商用标准收费，所以从生活成本上来说，要远高于普通住宅。

6.转让契税高

商住两用房因为具有商业性质，费用一般会按商用方式来计算。在商住两用房转让的过程中，税费要比住宅高，商住房转让契税为4%，而不超过144平方米的普通住宅转让契税仅为2%。不仅如此，商住房转让还要征收营业税、土地增值税等。

7.居住环境问题多

商住两用房面积小，居住密度较大。普通住宅一般是一梯两户，两梯四户或者六户；商住两用房，一层可能有六至二十户的业主。商住房的居住人口较多，生活环境也较为嘈杂，会对购房者的日常生活产生影响。再加上商住房具有商业属性，可能一栋楼里既有住户也有公司，有些公司或商户如果运营到很晚，就会打扰业主休息。

以上可以看出，商住房的主要购买人群是一些需要在北京等大城市居住，但经济条件有限的人。如果要投资商住房，在挑选时，切不可以住宅的标准来挑选。商住房由于不能落户，根本不存在学区的问题。所以对于商住房来说，位置好，小区环境好，周围配套设施好，这三点是关键。此外，商住房一定是小面积才有投资的价值。毕竟穷人总是比富人多，如果能买得起大面积的商住房，很多也就不会选择商住房而是直接购买住宅了。

三、北京的商住两用房政策

北京在2017年前，商住两用房的项目很多，由于商住房不限购且总价较低，小区环境好，因此购买的人很多。但是2017年初，北京出台了商住两用房限购政策，这使得很多已经购买商住房的业主焦心不已，也使得很多想买商住房的人望而却步。这不仅是因为他们没有购房资格，更是因为看不清北京商住房的投资前景。

北京商住两用房的限购政策主要包括以下两个方面：

1.北京商住两用房限购政策出台后，采购商办类的企事业单位、社会组织不得将房子作为寓居运用，再次出售时，应当出售给企事业单位、社会组织。而在方针实行之前，已出售的商办类项目再次上市出售时，可出售给企事业单位、社会组织，也可出售给个人。

2.个人购买商住房应当符合下列条件：名下在京无住所和商办类房产记载的；在要求采购之日起，在京已接连五年交纳社会保险，或接连五年交纳个人所得税。

四、上海的商住两用房政策

上海在2017年5月也颁布了商住房的限购政策，包括：

1.对于已交付入住的商住房，从严管控，相关信息记入房屋交易登记信息系统。开发企业和业主承担整改责任以及房屋使用安全责任，要加强安全管理，督促开发企业开展消防安全等检查，消除安全隐患。然而未按照规定整改，存在插层等违法建筑的，在房屋登记时予以注记，限制交易。也就是说，一层变两层的所谓"Loft"，想要卖掉，请整改。

2.已售未入住的商住房，要按照商业办公房屋功能进行全面整改，由相关部门联合验收，不符合商业办公要求的，不得交付，不得办理房屋交易登记手续，对销售中开发企业存在误导行为的，要支持购房人依法维护合法权益。整改符合规定的项目中有剩余未售房源的，可继续按商业办公房屋对外销售，同时鼓励房地产开发企业自持出租。

3.未建未售的商住房，已批未建的项目，要重新审图，发现违反规范和标准的，应依法予以撤销调整；符合规范和标准后，再核发规划、施工许可证。在建未售的项目，经相关部门联合验收通过后方可销售。

五、深圳的商住两用房政策

同北京和上海不同的是，深圳对于商住两用房是持鼓励态度的。深圳之前对于商住两用房不限购不限贷，对购房者有很大的吸引力。而2017年深圳又颁布了新的政策，就是商改住的政策。商改住政策是指商业用房包括公寓、厂房、写字楼等都可以改成租赁住房，并且水、电、气价都按居民标准执行。此规定含纳所有商业用房，不仅包括建成的商业用房、库存的商业用房，还包括在建的商业用房。这无疑是利好公寓市场，不仅促进了公寓的出租运营，更加拉动了人们购买商住房的需求。

因此，在深圳，商住两用房是非常好的投资渠道；而且从政府的态度上看，政府在很长时间内都会推动公寓市场的发展，不用太担心因为政策的变动突然限购。

总体来说，目前每个地区的商住两用房政策都不一样。像北京和上海，对于商住两用房的政策是比较严格的，北京的政策限定了购买商住两用房的人群，购买需求不得不减少，直接导致在一段时间内，商住两用房的交易基本停盘；而上海的政策，虽说没有限购，但是对商住两用房要求整改，整改的成本很高，增加了出售的难度，使得市场对商住两用房并不看好，出售难度加大，人们大多持观望的态度，不敢购买。而深圳对于商住两用房却是持鼓励态度的，目前在深圳市场，商住两用房的销售比较好，是非常值得投资的。

虽然中国各地对商住两用房的政策都有不同，但是商住房总价低、位置好等优势依然是市场上的刚需品，特别是一线城市的小商住两用房一定是住宅有利的补充品。持有商住两用房的人，不要着急，相信之后会有一个好的收益。政府不可能一直限购，而在限购政策放开后，看准市场，在低点买入小商住两用房也是一个不错的选择。

第六章

小产权房该不该买

该不该买小产权房一直是房产市场上争论不休的一个话题。在一线城市，房价一年高过一年，小产权房好似一股清流，以还算合理的价格吸引着大家。很多人总是觉得小产权房只是暂时的小产权，以后国家总会出台相关政策，让小产权房可以上市交易，现在买了一定不亏。这章我们就来讨论一下这个话题，详细解释小产权房究竟该不该买，政策又是不是真的会有所松动。

一、小产权房的概念

小产权房通常有三种：第一种是在集体建设用地上建成的，即在"宅基地"上建成的房子，只属于该农村的集体所有者，外村农民不能购买；第二种是在集体企业用地或者占用耕地等违法建设的房子；第三种是指在军队享有使用权的土地上进行开发的商品房，俗称"军产房"。

由于集体土地在使用权转让时并未缴纳土地出让金等费用，因此这类住房无法得到由国家房管部门颁发的产权证，而是由乡政府或村委会颁发，所以也称"乡产权房"。该类房产没有国家颁发的土地使用证和预售许可证，购房合同在国土房管局不会给予备案。所谓"产权证"亦不是真正合法有效的产权证。从2007年开始，按照国家的相关要求，小产权房不得确权发证，不再受法律保护。

中国实行国有土地所有制和集体土地所有制。农村宅基地属集体所有，村民对宅基地只享有使用权，农民将房屋卖给城市居民的行为不受法律的认可与保护，不能办理土地使用证、房产证、契税证明等合法手续。因此，小产权房不能向非本集体成员的第三人转让或出售，只能在集体成员内部转让、置换。

二、关于小产权房的相关政策

2008年7月15日，国土资源部下发通知明确指出，不得为小产权房办理任何形式的产权证明。

2009年9月1日，国土资源部下发《关于严格建设用地管理促进批而未用土地利用的通知》，再次向地方政府重申，坚决叫停各类小产权房。

2010年1月31日，国土资源部表示将重点清理"小产权房"。

2012年2月21日，国土资源部在"2011年房地产用地管理调控等情况"新闻发布会上表示，2012年起各地土地市场流标、流拍类现象须及时上报。同时将限期处理土地闲置等违法违规类案件，包括试点处理小产权房问题。

2013年11月，十八届三中全会通过的《中共中央关于全面深化改革若干重大问题的决定》提出，在符合规划和用途管制前提下，允许农村集体经营性建设用地出让、租赁、入股，实行与国有土地同等入市、同权同价。《决定》提出的是改革的方向，包括土地制度改革的方向，但并没有谈及如何解决"小产权房"这样具体的问题。

2013年11月22日，国土资源部、住房城乡建设部下发紧急通知，要求全面、正确地领会十八届三中全会关于建立城乡统一的建设用地市场等措施，严格执行土地利用总体规划和城乡建设规划，严格实行土地用途管制制度，严守耕地红线，坚决遏制在建、在售小产权房行为。

从政府2008年对小产权房颁布的各项条例可以看出，目前小产权房其实是不受国家政策支持的，因此购买小产权房的风险很大，小产权房的销售还是不被允许的。但之后小产权房合法化的概率也比较小。首先，对于政府而言，耕地红线不能破，如果放开小产权房的交易，那么很有可能越来越多的耕地被占用，这不利于中国的发展，是政府绝对不允许的。其次，如果小产权房的交易合法化，那么不仅会出现更多的违规建筑，还会因为小产权房总价较低从而扰乱商品房的市场。

然而由于小产权房是历史遗留问题，情况也比较复杂，未来并不是所有的小产权房都不能取得房产证，很有可能会进行分类处理，把一部分符合条件的存量小产权房，通过补办手续，缴纳相应费用后，纳入经济适用房、廉租房、公租房等保障房体系。

而对于一些非法占用耕地和农田的小产权房，或者对于质量存在问题的小产权房，不但不能取得房产证，可能还会面临改建或者强制拆迁。

三、小产权房兴起的原因

1.城市房价过高

中国许多大中城市的高房价是催生小产权房的重要原因之一。由于中国经济社会发展不平衡，大城市的房价长期快速上涨，远远超出了当地一般就业人员的收入水平。与此同时，政府经济适用房、廉租房的建设无法满足这些住房需求。小产权房存在着大量的购买人群。

2.擦边球的空间

根据法律规定，在农村集体所有的宅基地和集体建设用地上，农民可以自行经营，而且农民自建的住房也是可以进行交易的。正是因为政策法律规定中存在很多模糊不清的地方，才导致了各地小产权房建设的泛滥，在合法与非法之间给小产权房留下了一个擦边球的空间。

3.农地制度不合理

建设小产权房，是在集体土地上进行建设，不需要缴纳土地使用权出让金。此外，很多小产权房是由村集体牵头开发的，省去了基础设施配套等市政建设费用，极大地节约了成本；在开发完成后，农民通过出售小产权房获得的收益也高于政府征收土地获得的补偿金额。

四、购买小产权房的风险

虽说小产权房无法取得房产证，但是如果不卖出，买来自住可不可以呢？毕竟价格便宜。其实小产权房除了不能取得房产证以外还存在着诸多风险，并不是简单的没有房产证那么简单。

1.房屋买卖合同一般无效

小产权房买卖合同的效力一般被认定为无效。但有两种情况可以认定有效：一是对于发生在本乡范围内，农村集体成员之间的农村房屋买卖，该房屋买卖合同被认定有效；二是对于将房屋出售给本乡以外人员的，如果取得有关组织和部门批准的，可以认定合同有效。

2.无法进行房产转让

小产权房拿不到正式的房产证，因此并不能构成真正法律意义上的产权，即小产权房只有使用权，没有所有权。小产权房不能向非本集体成员的第三人转让或出售，即购买后不能合法转让过户。

3.很可能无法取得拆迁补偿

如果购买在建小产权房时，与开发商签订合同并交付房款后，相关部门整顿小产权建设项目，可导致部分项目停建甚至被强迫拆除，而这时购房人会面临既无法取得房屋，又不能及时索回房款的尴尬境地。如果遇到国家征地拆迁，由于购房人并非合法的产权人，所以无法得到对产权进行的拆迁补偿，只能作为实际使用人得到拆迁补偿，会比产权补偿少很多。而且小产权房一旦涉及拆迁赔偿等问题，原来的房主可能会以私下买卖不合法为由，要求全额得到拆迁赔偿，而买家很难得到补偿，所以风险很大。

4.质量得不到保障

小产权房的开发建设没有明确的规定加以约束，开发建设的监管存在缺位，对购房者的利益有一定的影响。同时，开发单位没有资质，房屋质量和房屋售后都难以保证。

5.无法获得银行贷款，无法落户

小产权房没有办法按揭贷款，只能一次性付款，并且小产权房是无法落户的，如果有孩子需要读书，那买小产权房将无法解决孩子上学问题。

总体来说，对于小产权房，政府的政策只可能会越来越严格，而不会放松，尽管政府之后有可能通过一些措施来解决小产权房的产权问题，但是肯定会严格控制这类房产的交易。因此，小产权房虽然总价便宜，但对于其面对的风险来说，是不建议购买的。不能交易，就不存在投资的意义；而自住消费，也存在诸多的风险。

第七章

学区房究竟如何

　　中国的城市在小学入学政策上采取的是就近免试入学，对于哪条街道哪一栋楼房里的孩子可以进哪一所学校，都有明确的划分。北京作为一线城市，人口众多，教育资源紧缺，因此重点小学划片内的房子，便成了二手房市场上热炒的一个概念，即如今大家所说的"学区房"。

　　很多家长买学区房是为了让孩子入读重点学校，不论房子是大是小，环境是好是坏，只要孩子能上当地的重点学校即可。孩子毕业之后，家长会把房子卖掉，说不定还能有一定的升值收益，因此学区房近几年的购买需求很大。

　　政府颁布就近入学本来是个意图良好的政策，可现在却导致了房价新一轮的上涨，特别是北京、上海这样的一线城市。与之前交纳赞助费择校相比，通过购买学区房入学有一定的合理性，避免了交纳赞助费所带来的权钱交易和暗箱操作，让择校规则变得透明。但是，这一政策仅仅是把择校变成择房，并且每个家庭承受的压力会更大，毕竟买房的成本太高，家里经济条件不好的孩子就只能靠边站。可是大多数家庭为了孩子上学，都不得不踏上购买学区房的道路。

目前中国的教育资源分配不均，在好的学校上学，之后考上重点大学的概率会大很多。例如，北京的石景山区每年考上清华、北大的就四五个人，石景山区最好的学校是九中，也是一个市重点中学，但是连西城区的普通中学都赶不上。目前北京市城区教育资源的排名为西城区>海淀区>东城区>朝阳区>丰台区>石景山区。最好的中学排名如下，理科方面：北京四中、北师大附属实验中学、人大附中、北京八中、北师大二附中、一零一中学、清华附中、北大附中、十一学校、北师大附中，前十的学校在西城区、海淀区各有五个；文科方面：北京四中、北师大附属实验中学、一零一中学、人大附中、北京八中、一六一中学、北京十三中。以上可以看出，在北京好的教育资源其实大多集中在西城区和海淀区，这两个区域是大家一般购买学区房的首选区域，房子的需求量也非常大。

其实在别的城市也一样，教育资源普遍分配不均。虽然目前政府在力求公平上做出了很大的努力，但也不可能做到绝对的公平，因此学区之间的差异，就会直接导致城市各个区域的学区房具有各自的特点。在购买学区房时，一定要结合实际情况，结合多方面的信息综合考察。下面以北京为例，告诉大家在购置学区房时应该从哪些方面进行分析，以及需要注意哪些事项。希望有购买学区房需求的家庭，可以做到举一反三，不管在哪里都能买到质量上乘，既有使用价值又有投资价值的学区房。

一、了解关于学区房的基本知识

1. 单校划片

单校划片指的是一个片区对应一个学校，包括小学升初中的对口直升，在划片范围内的每一所小学的毕业生可以直接升入划定的初中学校。

2. 多校划片

多校划片指的是一个片区对应多个学校，即在多校划片的政策下，学生入读小学初中，不再是一对一，即使家长购买了某所学校的学区房也不能保证读得了这所学校。多校划片的政策，目的在于协调教育资源配置不均衡的情况，并且在一定程度上可以稳定房价，控制学区房房价的飞涨。

3. 电脑派位

电脑派位的概念由多校划片衍生而来，是指在多校划片的政策下，孩子先被划向两所以上的定向小学和初中，具体上哪一所学校，再由电脑以随机抽签的方式进行安排。

4. 大派位

大派位指小学升初中的时候，学校会根据所在地区，给出三所初中，然后大家填报志愿，之后参加统一考试，所有及格的学生进入"大池子"开始进行派位。这个概念和上述所说的电脑派位其实是一回事。具体的流程是计算机先对该片区内所有排序完的学生，按第一意向从小号到大号进行派位，可能会出现三种情况：（1）第

应该买什么样的房子

一意向报名中学的人数刚好等于该中学的计划招生人数，此时这些学生全部升入该中学；（2）第一意向报名的人数小于该中学的计划招生人数，该中学将会等待第二意向的学生；（3）第一意向报名的人数大于中学的招生人数，则按派位号由小到大录满学生，未能进入该校的学生再按第二志愿进行派位。以此类推，直到该片区小学毕业生全部进入该片区中学。

5. 小派位

小派位即指推优，在小学升初中的时候，如果有资格推优，该学生就可以报全区1—5个学校，之后通过机选入学。和大派位不同的是，小派位是需要推优资格的，推优资格的条件很苛刻。例如海淀区小升初，实行的是加分排队的方式确定人选，推优条件高达48项，共计100分，最终加分分数高者获得推优资格。获取推优资格的学生，自主在全区范围内，挑选1—5个学校，可以保证上的中学是全区最好的重点中学。

6. 一贯制学校

一贯制学校是指贯穿小学与中学教育的一体化学校，目前常见的是九年一贯制学校，即上了某一个小学，小学升初中时就可以免试进入对应的初中。同时，十二年一贯制学校也逐渐兴起，这就使得之后学生可能免去中考，直接进入对应高中学习。

7. 对口直升

对口直升指的是上了某一个小学，可以直接面试进入对应初中学习。和一贯制的差别是，对口直升是有比例的，大约只有30%的学生可以通过抽签的方式来决定是否可以直升，而70%的学生还是要通过电脑派位进入中学；但是九年一贯制，可以保证

100%的直升。

8.政策保障生

一般国家机关以及一些央企每年会有一定的名额，给其工作人员的子女，让其子女在单位所在片区或者户口所在地片区，挑选合适的小学或初中入学。

二、详细了解每个区域的教育情况

在了解中国教育体制的一些基本知识以后，购房者在购置学区房时，首先要了解清楚一个城市不同区域的教学水平，包括每个区域总体的教学水平、区域内最好的学校，以及该区域大致的入学政策和房价等。由于北京地区是全国比较典型的区域，因此本书将北京作为范例，为大家进行分析。

北京的石景山区，教育水平是全市六个城区中排名最后的。该地区最好的中学是石景山远洋分校，连续四年中考第一。虽然石景山区是北京城六区教育资源最薄弱的地区，但是在中小学学生入学上把控得非常严格，实行的是单校划片与多校划片相结合的方式，最大限度地实现公平。例如石景山学校远洋分校，只能是一手房业主的子女才能入学，并且房产证和户口都需满六年，变相禁止了该区因为学区问题的二手房买卖。但是石景山基本实行九年一贯制教育，每个小学都有对口直升的中学可以就读，如果不想在对应的中学就读，也可以申请全区派位。

北京的丰台区经济欠发达，丰台的小学教育资源也比较匮乏，如果在丰台区就读的学生转到别的区域就读，会出现普遍跟不上的情况。在丰台相对比较好的中学是北京第十二中学，但想上这个学校，基本也要在小学班至少排前两名。

值得注意的是，在2017年丰台区颁布的政策中，丰台区逐步实行购置二手房的业主子女通过多校划片派位方式入学政策。也就是说，购房者通过购买学区房达到就读丰台区较好学校的目的，将很有可能落空。丰台区就近入学实行单校划片与多校划片相结合的方式，学校在接收完成单校划片的学生后，剩余的招生计划将根据区内学生填报的多校划片志愿由计算机随机分配，确定入学学校。

其中，在小学入学时，符合学校单校划片入学条件的儿童，可选择对应学校直接入学；符合学校单校划片入学条件，但未选择单校划片入学的儿童，可选择多校划片派位入学；其他非本市户籍儿童，按照区教委已经划定的小学入学片区，上网填报志愿，参加多校划片派位入学。初中入学时，符合学校单校划片入学条件的小学毕业生，可选择小学初中对口直升的方式入学；多校划片分为一般初中校和全部初中校派位两个序列，优先分配一般初中校序列。

北京朝阳区虽然经济发达，但是朝阳区的教育优势在全市并不突出，每年考上清华大学、北京大学的学生仅有17人左右。之前我们提到过，朝阳区基本是新北京人，外来人口占比很大，达到53.83%，外来生源更是占比70%左右。朝阳区较好的中学有陈经纶中学珠江帝景分校、陈经纶中学嘉铭分校、朝阳外国语学校，但这些学校的教学质量和西城区、海淀区都有一定差距。在整个朝阳区，望京和安贞两个地区分别是教育资源较好的地方，而大悦城区域属于朝阳区教育的重灾区。

朝阳区很多人会选择九年一贯制的学校，也就是直接小学升初中。其中人大附中朝阳学校小学可以直升初中，然后升高中，实行

15年一贯制教育。但是人大附□朝阳学校不是人大附中的嫡系，人大附中朝阳分校才是嫡系，但人大附中朝阳分校的小学是公立的，初中和高中却是私立的，不能直升。

目前朝阳区也规定，从2017年起朝阳区对适龄儿童少年入学登记的实际居住地址实施记录管理。实际居住地址用于登记入学之年起，原则上小学六年内、初中三年内只提供实际居住地址服务范围内的一个入学学位（符合国家生育政策的除外）。也就是说，如果在朝阳区选择九年一贯制的教育，那么该套房产在九年内只有一个入学名额。朝阳区实行单校划片入学或多校划片入学，但是同丰台区一样，2017年起朝阳区新购房屋，无论一手房还是二手房都要实行多校划片入学。

北京的东城区在全市教育中属于中流地带，尖端教育比较一般，每年考上清华、北大的学生在50人左右，最好的中学是北京二中、北京五中、汇文中学、一七一中学、一六六中学和景山学校。东城区在教育上推行"盟、带、贯"的改革。"盟"就是深度联盟，好的学校向差的学校派老师，帮助管理，统一教育理念，基本没实际操作。"带"指的是优质资源带，视同己出，比如和平里四小和和平里一小混合编班，师资是和平里第四小学的，而和平里一小的学生有30％可以直升一七一中学，相当于一种"先富带动后富"。"贯"是指九年一贯制，比如北京市东城区文汇小学、景泰小学可以直升文汇中学，和平里一小可以直升一七一中学。总体来说，东城中小学的教育资源较好，但是东城高中教育相对来说比较薄弱，很多在东城上中小学的学生，最后还是会去海淀和西城读高中。

海淀区的教育在北京名列前茅。海淀区的教育资源得天独厚，有大量优质的幼儿园、中小学、高等学府等。著名的学区有万柳学区、中关村学区、青龙桥学区、上地学区、学院路学区等。其中，著名的中关村三小对应的万柳书院、万泉新新家园，目前房子均价分别达到21万元/m²、16万元/m²。中关村一小对应的科育小区、黄庄小区，目前房子均价分别达到了11万元/m²、13万元/m²。如果选择让孩子在海淀上学，有几个需要注意的地方：其一，需要"拼"孩子，海淀区特别看重奥数，孩子从小就要考试学奥数，奥数是用来选出好学生的一种手段，但对孩子的未来并没有什么大用；其二，孩子可能六年都出不了教室，学生太多，课业太重，课间活动也容易出危险；其三，学生水平参差不齐，老师可能更加关注排名靠前的学生，排名靠后的学生会受冷落。海淀区没有直升政策，学区房只能上小学，上初中都需要考试，考的好的学生自然就可以上好的初中，成绩不好的学生想要靠派位进入好的初中基本是不可能的。海淀原则上六年一学位。而海淀区也从2017年起，进一步严格单校划片入学条件，扩大多校划片入学适用范围，逐步由以单校划片为主过渡到单校划片与多校划片相结合。

西城区的教育可以说是北京市乃至全国最好的，在所有指标中都排名全市第一，不仅北京市高考文理科前十名的学校有一半被西城占据，并且高分段率、一本二本率常年都是北京市第一。哪怕西城的普通中学，到其他一些区都优于该区的市重点中学。在西城区，最好的初中是三帆中学。从2014年起，西城区的小升初实行全区大派位，三好学生、奥数成绩在西城区基本无用，因此在西城，最要紧的是选好学区。但在学区内，也不是名校越多越好。例如金融街学区虽然小学很多，但是初中资源较为匮乏，在学位不足的情况下，都是从相邻学区引进学位；并且金融街"政保生"很多，这些学生占用了大量教育资源，不需要买房子也可以上学，普通人在这里购置学区房，反而很有可能被分到一个差的学校。所以很多有经济实力的人，会选择德胜学区，虽然德胜学区的房价贵，也有不好的学校，但是"政保生"较少，一般来说买了相应的学区房，就可以上到不错的学校。什刹海学区内有着很好的小学包括黄城根小学、西什库小学、雷锋小学等，其中西什库小学可以直升北京四中，雷锋小学可以直升三帆中学，但是什刹海附近的房子基本都是四合院，价值过亿，二手房成交量比较少。如果在这个区域上学，有时学位较多，有时也要警惕会有"政保生"挤掉名额。在西城，目前最好的学区是广外学区，基本没有差的学校，很多学校实行九年一贯制，因此广外的房价也一度飙升。

三、关注当地教育局的政策和各自学校的"土政策"

相信了解了各区域的概况之后，大家在挑选学区房时，就能把握好大致的脉络。正如上文所说，北京教育资源最好的地方基本集中在西城、海淀和东城三个区域，但并不是说在这三个区域买上学区房就万无一失了，因为教育局对于学区房的政策可谓一年一变，我们无法准确预测教育局之后的政策是什么，但是对于现在的政策一定要研究清楚。首先要确保目前买房能够享有的权利，然后进一步分析之后的趋势。就北京来说，目前的政策主要集中在三个方面：

第一是划区的问题。众所周知，不同的小区所划的学区是不一样的，购房者如果需要买学区房，首先要了解学区，购买之前到当

应该买什么样的房子

地教育部门了解清楚。然而学区并非一成不变，几乎每年会有所调整。今年这个地方属于该学区，明年有可能就属于另一个学区，因此购房者在买房时，首先要确认目前该小区所对应的学区，其次对片区周围的学区有所了解。

第二是对落户的要求。目前学区房对落户的年限，以及孩子同父母的户籍所在地是否在一处，户籍所在地和实际居住地是否在一处等问题，都是有要求的。在多校划片的时候，落户时间也是派位的重要考量因素，并且就目前的形势来看，北京在落户上的限制会越来越严格，尽早落户无疑来说是最好的。另外，北京规定过道房和平房都不能上户口，也不能作为入学资格。从这条来看以后不正规的房子基本不能作为学区房，在购买时会有一定风险。

第三是关于北京多校划片和派位的政策。就目前来看，每个区域实行的政策是不一样的。例如西城的政策最松，就2017年的政策来说，在西城区内，除了非京籍人士和未在实际居住地居住的集体户需要参与多校划片外，其余适龄儿童均可自主选择单校划片和多校划片。也就是说，如果不愿意就读单校划片的学校，也可以选择多校划片，这无疑是利好消息。但是像朝阳区，只要新购房不分一手二手，都需要进行多校划片。而丰台区新购的二手房也开始逐步实施多校划片。

从目前来看，政策还不会对入学产生特别大的影响，但由于政策已经影响到预期，即使今年孩子能够顺利入学，那么你的房子也基本上很难再按照学区房往外售卖。而打算购买学区房的父母也要考虑到购买之后孩子是否能上到目标学校。多校划片的政策可能会在北京逐渐普及，可能导致的结果就是好学区内的房子取代了好的学区房，因为多校划片的不可控性太大，那么在一个好的学区就显得尤为重要。因此之后在北京购买学区房一定要分析该学区是不是优质学区。首先区内无弱校很重要，如果学区内小学人数较多，而中学名额少（如金融街学区），就有可能从周围引进学位，那么需要分析周边学区的学校质量。相反，如果学区内小学人数较少，中学名额多（如什刹海学区），就会向周边输出学位，这类就不必过多考虑地缘，但学区的优质初中资源可能会对外输出。因此，人口和学位的数据、新校区的建设情况，作为影响派位的因素，必然是要考虑的。

西城区和海淀区是北京学区最好的两个区域，在朝阳区、丰台区逐渐实施多校划片之后，很多购房者想必都会把目光转向西城区和海淀区。

除了教育局的政策外，有些小学还单独有很多自己的政策，在购房时一定要去下载对应中小学的招生简章，仔细阅读每个小学自己的"土政策"，确保孩子能够顺利入学。例如有些学校对父母和孩子的落户时间有要求，基本都要求落户三年以上；有些学校不允许二手房业主子女就读，某小学的招生政策上就写着入学时需要提供实际住所地证明；并且还有些学校会进行入户调查，确定父母、孩子在片内居住。

很多开发商会同小学签订入学条款，规定每套住房的入学名额，有很多情况要求子女的户口在学区房内满六年才可以入学，还有些小学规定一套住房只能入学一次。例如位于海淀四季青附近的世纪城虽然位于人大附小学区，但由于子弟学校有特殊情况，该项目一套房只有一个就读名额，不少二手房业主子女在入学时被调剂到其他学校。这些信息都是购房者所不知的，购房前一定要做到对政策有充分了解，切不可盲目购房。

四、确认欲购置房产的名额使用情况

北京不同区域对房产的上学名额有不同的规定，上文中也有提及，有些地方规定一套房只有一个入学名额，而有些房子对落户年限有要求，因此在买房时购房合同里一定要写清。买房前，同原业主一起到派出所查看，是否有孩子曾经落户在此。如果卖方的户口也在这套房产中，合同中还需规定卖方迁走户口的期限，如果逾期未迁走户口，则必须按天缴纳相应的罚金，确保购买房子之后，户口能顺利迁入。

五、仔细了解学校本身情况

在购买学区房时，很多家长会被学区房所属学校的名字和外表所蒙蔽，最典型的就是人大附中，很多人一听人大附中就觉得是好学校，但就人大附中在北京来说有很多个，此人大附中和彼人大附中绝对是不一样的。在买房时要仔细了解，谨防购买到伪学区房。

所谓"伪学区房"有几种，第一种是各个学校的分校，比如人大附中、北京小学的分校可谓遍布北京。就拿人大附中来说，一字之差，人大附中朝阳学校和人大附中朝阳分校并不是同一所学校。人大附中朝阳学校是15年一贯制的纯公立学校，而人大附中朝阳分校是私立的中学。当然，朝阳学校的考试水平要远高于朝阳分校。就是因为学区缘故，北京东部的太阳宫片区太阳公元的房价一度上涨到15万元/m²，而芍药居老房也一度冲破10万元/m²。

人大附中朝阳学校小学部和人大附中朝阳实验学校都是人大附中朝阳学校的配套小学，均为公立学校，区别在于招生划片范围不同。人大附中朝阳学校小学部的招生范围主要是京承高速以西的次新小区，而人大附中朝阳实验学校主要对口京承高速东边的红玺台、太阳公元、火星园、丰和园等高端新楼盘。

人大附中通州校区并不是人大附中通州学校，前者是把原通州三中做了换牌更名而已。就在2017年，亦庄经济开发区运行了19年的"北京第二中学亦庄学校'换牌为"人大附中北京经济技术开发区实验学校东校区"，在生源和师资可能都无明显的变化下，该学校的教学质量和教学环境，在短时间内是不会因为更名而有所改变的，只能说随着时间的推移，逐渐会有进步。

第二种伪学区房虽然不是名校的分校，但是片区对口的学校不是老牌名校，而只是一些最近几年发展较快的新兴学校。西城区的很多普通小学对口的片区，也都被当作学区房在卖。因此买房时应该注意，一是切不可被学校的名声所蒙蔽，二是一定要对学校各方面都详尽了解后再做决定。

六、租房对于就学的影响

也许，很多人觉得在北京没有必要买学区房，在好的学区租房一样可以上学，这里需要提醒大家的是，租房者和购房者在子女就学问题上，享有的政策一定是不一样的。此外，租房就学，对父母的工作单位、居住时间以及五证要求非常严苛。以北京为例，北京采取顺位制入学，有房有户口是排在第一位的，而集体户口和非京籍人士则排在最末。毕竟目前教育资源紧张，竞争激烈，采取租房读书，可能很难上到好的学校。

七、国际学校怎么样

在北京除了公立学校外，还有私立的国际学校。国际学校从幼儿园到高中都有，学费平均每年都在10万元，一些好的国际学校，一年的收费高达17万元到20万元。这仅仅是学费，还没有算其他的花销。因此，国际学校光是学费就令人咋舌。很多人可能认为，买学区房也一样很贵，虽然公立学校很便宜，像北京的公立高中目前才一个学期800元，但是学区房最便宜的恐怕也要几百万元，一千万元甚至几千万元的学区房也比比皆是。可是买学区房属于投资，好学区的房价是不会跌的，一般来说到孩子读完书，学区房肯定都会有相应的升值。因此，购买学区房不仅方便孩子读书，还是一个很稳健的投资品。

国际学校除了学费高之外，就读之前还需要考虑两点：第一点是环境。其实读重点小学和重点中学，教育资源和质量是一方面，另一方面是重点中小学的环境较好。能买得起学区房，在好的学区上学的孩子，其家庭环境和家庭教养一般很好，素质很高，让孩子在这样的环境里学习，相对来说对孩子成长比较有益。国际学校由于学费较高，就读的学生家里经济条件一般比较优越，容易形成攀比之风。第二点是教育体系不同。公立学校的教育体系和国际学校的教育体系完全是两个体系，在国际学校上学之后，一般来说，本科就会直接出国。需要提醒大家的是，孩子的成长和环境息息相关，国际学校的教学氛围一般较轻松，是所谓的素质教育，也没有升学的压力，但这有可能会导致孩子从小不够努力，缺乏竞争性。

因此，国际学校不是不好，而是由于教学体系的不同，一旦上了国际学校就会很难回到中国的教育体系；同时在选择国际学校时，家长也要遵循我们上文所说的原则，一定要对学校各方面都有详细的了解后，再慎重选择。

很多刚结婚的小两口，或者年轻人，在买房时并不会对学区房做充分的了解，而是根据自己当时的居住需求去买房，等有了孩子，孩子上完幼儿园，要上小学时，才会去关注学区房。本节论述学区房，第一，是想告诉大家，只要打算要孩子，无论在哪里，一定要提前考虑学区房这个问题；第二，只要中国的教育政策不改变，学区房肯定会有投资价值。但是投资学区房，不能盲目投资，关于学区房的学问很多，一定要关注政策的变化，仔细分析，不可盲目听信中介或房地产商的介绍，以为是学区房就可以毫无顾忌地购入。

踩准房地产节奏，做好高抛低吸

买房要讲究天时地利人和，上一章给大家详细分析了应该买什么样的房子，应该在什么位置买房，这是地利，而买房除了要挑好位置，更要选好时间，这便是天时。在对的时间，购入对的房子，才可以让投资收益最大化。其实所有的投资逻辑说起来都很简单，就是在最低点买入、最高点卖出，但是要找到这个最低点和最高点十分不易。这一章，我们主要来看一下怎么才能找到和辨别房地产市场的高点和低点，让大家能在合适的时间买到一套合适的好房子。

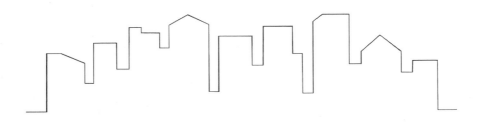

第一章

房价波动的规律

上文我们也说过，中国的房地产一定会呈上升趋势，房价会围绕着一条呈45度向上倾斜的直线上下波动，纵坐标是价格，横坐标是时间。这个也是我们通常所说的价值规律，即价格围绕价值上下波动。在波峰的时候，极可能是国家出台了一些宽松的政策，使得房价上涨；而在波谷的时候，可能是国家对房地产市场有所限刂。但总体来说，中国房产的价格一定呈螺旋上升的走势。而购买房产最好的时间段，就是房价位于直线下方的区域时。如右图：

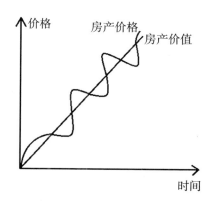

可能看到这里，很多人会觉得分析房产有些太过繁杂了，觉得

买房没有必要研究那么多问题，挑一个好的位置已经很不容易了，还要挑准时间更难。但我想说的是，如今大部分人做房产投资并不专业，有人可能会认为，只是买一套房来住，根据自己的需求在市场上买一套合适的就行了。但事实并不是这样的，房地产投资会伴随一个人的一生，如果做好房地产投资，房产几年的升值总额可能比购房者几年的工资总额还要高。

人的一生不只是买一套房，要懂得在合适的时间买房，更要懂得在合适的时间置换，从而不断累积自己的资产，从房地产市场中获得红利。中国的房子是用来住的，不是用来炒的，切不可以短期炒房获取利润的心态来投资房产，而是要看到房地产长远的发展趋势，理解房地产的核心逻辑，对市场有自己的判断，不要盲目跟风，才可以在房地产市场中实现资产的积累。

房产是一个非常好的投资品和保值品，相比于股票，投资房产显得安全得多，因为投资房产不仅可以保值，还可以坐拥房产升值，并且用来出租。如果懂得合理利用金融杠杆，那么在较少的投资下，房地产投资长期所带来的收益是很可观的。但即使这样，在房地产市场上，很多人不但没有盈利，还出现了巨大的亏损。究其原因，其实还是由于购房者没有好好分析市场，盲目跟随市场情绪，从而导致投资失败。不是投资房地产市场不盈利，而是很多人既没有找准合适的房产，也没有踩准房地产市场的节奏，偏偏在房地产市场的最高点入市买房，那肯定就无法盈利，反而被套牢。关于应该投资什么样的房产，在上一章我已经详细论述过，在此不再赘述，这章主要和大家分析应该在什么时候买房，怎么才能踩准房地产市场的节奏，做到高抛低吸。

想要做好房地产投资，一定要清楚市场如今是在高位还是低位，最好还能预测出市场近期的变动，这样才能更好地找准投资的时机。但是提前要说明的是，在买房时：第一，一定不要跟随市场情绪，买涨不买跌，而是要冷静客观，多观察分析市场；第二，不要轻信专家的言论，市场上有很多伪专家，而房地产市场时移世易，每个时间段的具体情况都是不一样的，一定要弄清楚房地产市场的本质，对市场以及市场上的言论有自己的判断，而不是轻信他人；第三，作为在房地产市场上不是很有经验的普通大众，不一定能够把握住房价的最低点，但是一定要把握住房价的下行区间，一定要在这个下行区间内购房，而不是在最高点买入。

想要踩准房地产节奏，听起来很简单，但做起来并不是一件容易的事情，需要大量的经验积累。但是市场上大部分人并没有那么多经验，最明显的例子就是在2016年至2017年全国房价上涨时，大部分人可能认为房价不会跌，而是会一直上涨，能稳定就不错了，因此才会争相购房，很多人被套牢在高点。而随着房价的下跌，大家反倒不敢出手买房了，于是又错过了低点。这类情况屡见不鲜，这也是在投资房产中最容易犯的错误之一。

第二章

影响房价变动的因素

在前文中，我们分析了决定房价的几个因素，国情和国运是决定房价的内在因素，而政府政策则是依据国情制定的。中国目前经济稳步增长，随着中国城市化的不断推进，有能力且有需求买房的家庭会快速增长。所以说，长期来看，中国的房价必然呈上行趋势，特别是一二线城市。这不是投机，也不是炒房，而是国力不断增强，人民需要改善生活而导致房价的稳定上涨。

虽然在中国不同地区的房价千差万别，但是影响房价的核心因素都是一样的，这些因素的强弱变化导致了不同地区房产的潜力不同。想要踩准房地产节奏，就要清晰地知道影响房价的关键因素，才能进一步明确房价究竟是位于低点还是高点。影响房价的因素分为长期因素、中期因素和短期因素三类。

一、长期因素

1.需求是影响房地产价格的核心因素

需求是影响房地产价格最为核心的因素，在供给一定的情况下，需求量越大，房价自然也就越高。房地产市场中的需求从性质上分，包括刚性需求、改善性需求以及投资性需求；从人员结构上分，包括本地人口的购房需求和外来人口的购房需求。对住房最基本的需求，就是指有房可住，这便是刚需。随着越来越多的人涌入大城市，一些城市的刚性需求会越来越大。而对于已经有房的人来说，很多人也想从60平方米的房子搬到90平方米的房子，这便是改善性需求，这部分需求在城市当中数量也是相当庞大的。很多人还想用一定的剩余资金投资房产，从而享受房地产市场的红利，这便是投资性需求。

需求是影响房地产市场的长期因素，如果一个城市的人口一直处于流入状态，并且净流入量还在不断增加，那么这个城市的房子从长期来看肯定是会升值的。目前中国城市化还在不断推进，而农村人口会逐渐从农村迁移到城市，二三线城市的人口会涌入一线城市。所以在投资房产时，总体上要看到一个城市的人口流入情况，局部上也要分析清楚城市的什么位置才是需求量最大的地方，这便是投资房产的核心因素。

2.经济的发展是房价上涨的长期动力

在之前的章节中提到过，房地产是由国情决定的，中国国力强盛，经济发展较快，房产的价值必将走高。对于城市也是一个道理，一个城市愈加繁荣，经济发展越快速，企业较多，吸引的外来人口就越多，对房产的需求量也就越大，其房价也会随之上升，需要注意的是，经济发展带来的房地产红利是长期稳定的。

其实城市经济发展带动的还是需求量。人口一般会涌向比较繁荣、经济发达的城市。在中国，人口流入量最大的肯定是一线城市，其次是沿海二线城市、省会城市。但具体来看，在中国一个地区发达与否，和政策息息相关，因此在具体分析地区经济发展方向时，一定要结合政府政策，只有清晰了解政府对地区的规划，才能够更加准确地判断出这些地区的发展前景，包括政府对城市的建设规划、交通规划、职能定位等。这样才能在房价还没有涨起来之前，在合适的区域以较低的价格购入较为优质的房产。

二、中期因素

需求量是影响房价的长期因素，而影响房价的中期因素便是供给。在中国的房地产市场中，普遍存在的一个现象就是供求不平衡，发达的一二线城市的房地产市场基本都处于供小于求的状态，而很多三四线城市的房地产市场基本都是供大于求。

如果一个城市的人口流入量比较大，土地供给量却没有相应扩大，那么房价肯定会上涨；如果土地供给也随之扩大的话，则房价在一段时间内会比较稳定。但是，一个城市的土地是有限的，不可能无限供给，因此通过提高供给量来控制房价，也只能在一段时间内有效。

目前在中国的房地产市场中，但凡房价比较高的城市，其土地供应量普遍较少，人口却在不断地涌入。这就意味着，即使政府通过加大供给稳定了房价，但就长期来看，由于人口的不断增长，这些发达城市房产的价格还是会不断走高。

三、短期因素

1.国家限制政策

中国的房地产市场发展不完全，国家对房地产限购、限贷、限价等政策，短期来看在很大程度上影响着房地产价格。2016年至2017年，全国主要一二线城市房价上涨，各地随之颁布的限购、限贷、限价等政策也确实使当地房价趋于稳定，并且在2017年4月以后房价都有所下降，虽然每个地方政府的政策不一样，但其核心目的是一样的，那就是通过政府的强制调控来降低需求量，从而达到供给和需求的短期平衡。

为什么是短期平衡呢？因为政府的各种限购政策并不能抑制真正的需求，很多一二线城市房价的上升，虽然可能会有一些泡沫，但是总体来说还是真实的需求占主导，政策可以短期抑制这些真正的需求，但是不可能长期抑制，一旦政府放松政策，或者等这些有购房需求的人满足了购房条件，市场上就会出现新一波的购房潮。

2.预期

预期指的是购房者对房地产市场走势的预判，如果购房者对房地产市场普遍看好，则房价很有可能会上涨，并且在中国还易出现这样一种情况，就是买涨不买跌。房价疯涨时，受市场气氛带动，大多数人害怕房价会进一步上涨，反而买房的人更多，甚至出现疯抢的情况，进一步推动房价上涨。而房价处于低点的时候，大多数人又总持观望态度，认为房价还会再跌，从而导致了很多家庭是在房价位于高点时购入房产，很少享受到房产上涨所带来的红利。

预期造成的房价波动总是暂时的，房价经过短暂的调整，一般会回归正常水平。因此大家在买房时，一定要警惕，在整个市场都争相买房时，这时的房价有可能已经被炒高，出现了一定的泡沫，购房者此时切不可受市场情绪影响，盲目跟风。

第三章

怎么判断房价的低点

分析了影响房价的长期因素、中期因素以及短期因素，再给大家谈谈，房地产市场中的房价低点应该怎么找，怎么才能更好踩准房地产的节奏。

这个问题可从以下三个方面进行分析：第一，通过分析长期因素及中期因素，判断城市房价的走势；第二，通过分析短期因素，预测房价未来短期的发展趋势；第三，通过数据分析，对市场的低点进行进一步佐证。

中国房地产的发展虽然整体呈上升趋势，但是一线、二线城市的发展不尽相同，分析时应该遵循的逻辑和思考方式也有所不同，在此我们对一线、二线城市进行逐一分析。

在分析之前，先给大家分享一个我从业多年所观察到的规律：中国的房价一般是从一线城市开始涨；一线城市房价涨停开始跌

踩准房地产节奏，做好高抛低吸

时，二线城市房价开始涨；二线城市房价涨停开始跌时，三线城市房价开始涨；而当三线城市房价开始跌时，一线城市房价又会呈现新一轮的上涨。而在一线城市中，一般是深圳的房价先涨，接着是上海，最后才是北京。这个规律对于找准房价的低点有很大帮助，在接下来的分析中，我会进一步给大家解释这个规律背后深刻的原因。

一、一线城市

一线城市的房价低点相对来说比较容易把控。

第一，从中长期因素分析，由于国家对土地供给的限制，一线城市的房子一定供小于求，房价走势一定是向上的。

第二，从短期因素分析，一线城市的房子有涨有跌，在房价下跌的时候，一定伴有政府对房地产的政策调控，因为一线城市的房价很难自行下跌，并且房价的下跌幅度较小。

因此，结合以上两点，在一线城市买房逻辑很简单，一线城市的房价长期来看都呈上行趋势。所以只要当一线城市的房价呈下行趋势时，便是购房的好时机，并不是非要找到房价的最低点才可以购入。因为一线城市的房产潜力巨大，购房者只要在低位买入，就可以保证房产升值，并且大部分人还缺乏经验，很难预测到房价的最低点，但是要判断房价是否在下行区间比较容易。

虽然目前一线城市的房价都在5万元/m²左右，但就历史数据来看，北京的房价一直是最高的，上涨幅度也是最快的，其次是上海、深圳、广州。2009年至2015年，一线城市的房价基本每年都会涨，涨幅在每平方米3000元至6000元。从2015年1月，深圳的房子最先开始涨价，2015年6月上海的房价开始上涨，2016年1月北京的房价开始上涨，时间相隔半年左右，一年之内一线城市的房价基本都上涨了2万元/m²。

深圳的房价最高时涨到48000元/m²左右，上海涨到52000元/m²左右，北京涨到60000元/m²左右。而后深圳的房价最低跌至41000元/m²左右，上海跌至50000元/m²左右，北京跌至50000元/m²左右。2017年1月，深圳的房价又开始微涨。由此可以判断出，上海和北京的房价也会随之上涨，但是由于国家控制得比较严格，房价上涨的幅度可能不会太大。

对于深圳来说，2016年底至2017年初是买房最好的时间，因为经过几个月的下跌，深圳的房价基本已经跌透，逼近最低点，深圳的房价是不可能跌破4万元/m²的，因此当深圳房价在4万元/m²左右时就应该入手买房。对于北京和上海来说，最佳的买房时期是在2017年底到2018年初，由于深圳房价的支撑，北京和上海的房价再怎么跌也不会跌破5万元/m²，如果还不买入，可能就会错过买房的最好时机。

经过上述举例分析，大家对于怎么观察房价的低点应该有一些认识和思考了，想要踩准房地产的节奏，经验很重要，在没有足够经验的情况下，我给大家几个建议，帮助大家找到房价的低位：

1.一线城市的房价在暴涨之后，可能会有下跌，下跌幅度一般不会超过上涨幅度的一半，且时间不会超过一年，基本为六到十个月，因此不是买涨不买跌，在一线城市一定是要买跌的，所以在房价下跌几个月之后，购房者就要观察市场着手买房了。

2.在房价下跌过程中，有一些数据可以作为信号，比如房屋的月成交量，当成交量明显走低时，说明房价还有一定的下跌空间，但是当成交量连续两三个月走高时，由于市场会有一定的反应时间，就算此时房价没有上涨，也预示着房价已经到了低点，市场正在回暖。

3.注意政府政策，中国的房价受政策影响较大，如果政府政策降低首付比例，那毫无疑问，接下来房价肯定就会涨，但是从政府政策颁布到市场反应会有一个时间差，因此购房者要留意政府政策，一旦有房地产政策利好，那么就要在房价上涨前果断购房。

4.同类城市相比较，比如一线城市中，深圳的房价逼近5万元/m²，那么上海和北京的房价就不可能跌破5万元/m²，如果跌破5万元/m²，购买力肯定都会迅速往北京和上海靠拢，最终房价还是会被拉回5万元/m²的。北京的房价基本比深圳贵1万元/m²左右，而北京2017年底的房价已经跌到5万元/m²左右，和深圳相差无几，这并不是说明深圳房子的价值变高了，而是说明北京房子的价值是被低估的。

此外，我再多解释两个问题：第一，为什么深圳的房子先涨？第二，为什么深圳的房价涨了，北京、上海一定会涨，三个城市都是一线城市，难道三个城市的房价不该在此消彼长中趋于一致吗？

首先，我来解释第一个问题，大家都知道深圳在南方，是中国经济最活跃的区域之一，并且民间资本发达，受政府管控程度相对较低，所以深圳对市场的反应是最快的，而南方人又比较善于投资，因此一线城市乃至全国房价普遍上涨之前，深圳的房价一定率先上涨，是一个强有力的信号。

第二，北京、上海、广州、深圳虽然都是一线城市，但是城市和城市也是不同的。北京作为全国的政治经济文化中心，如果有资金实力，大部分人还是会想先在北京买房，进而才是作为中国金融中心的上海，随后才是深圳，因此北京的潜在购房需求是最大的，所以北京的房价一定会比深圳房价高，而不会趋同。当两地房价趋同时就说明，北京的房价正在被低估，这就是入手北京房子的好时机。

总的来说，一线城市房价的低点还是比较好把控的。首先，一线城市的房价肯定是呈上行趋势的，这一点毋庸置疑，当一线城市房价呈下行趋势时，是购房的好时机，但是在一线城市房价暴涨时，一定不要盲目跟风购买，不要受市场情绪影响，要相信政府是不会允许房价出现暴涨，从而产生大量泡沫危及经济的。

二、二线城市

和一线城市不同，想要确定二线城市房价的低点，相对来说会困难一些。二线城市的房子不论涨幅还是跌幅都不会太大。二线城市的房价上涨一般比较平缓，很难暴涨，只有在房价暴涨之前购买，才能享受到房地产的升值红利，踩好这个点，不能太早也不能太晚。

投资二线城市和投资一线城市的逻辑不同，投资一线城市一定要留意低点，在房价处于低点时购入；投资二线城市一定要懂得避开高点。

在分析二线城市时，首先还是要分析影响房价的中长期因素和短期因素。通过分析一个城市的供求和经济来判断房价是否有升值的支撑；通过分析短期因素，剖析政策和市场预期，来判定应该在什么时候购入房产。和一线城市不同，在分析二线城市时，最重要的是找到房价即将上涨的节点，以及上涨过后下落的低点。

除此之外，购房者还要清楚地认识到，二线城市的房价在上涨之后一定会有所回落，因此在二线城市买房时一定注意不要买在高点。和一线城市不同，在一线城市买房就算买到高点，但是由于一线城市房价波动较大，可能过一段时间，房价又会重回高点；而在二线城市买房，如果买在高点，房价在下跌之后，保持平稳的可能性比较大，很难再回归到当初的高点，投资者就是在高点被套牢了。

二线城市的房价普遍具有以下特征：

1.大部分二线城市房价长期平稳，上涨幅度较小，并且二线城市的房子变现能力较弱，因此在二线城市买房时要更加注意区位因素，一定要选好位置，以及判断好房子的潜在购买需求，不要购买面积太大的房子，这样才能保证房子的升值空间以及将来的变现能力。

2.二线城市房价的上涨，一般在一线城市之后，受一线城市带动。因为一线城市限购后，很多有投资需求的人不能在一线城市投资，便转向二线城市，所以当一线城市的房价下跌时，很多二线城市的房价不但没有下跌，反而正在上涨。

3.二线城市房价的下跌，一般也是在一线城市之后，比一线城市慢一个节拍，即一线城市房价开始下跌时，二线城市房价开始上涨；一线城市房价有上涨趋势时，二线城市房价就该下跌了。

因此，通过一线城市房价的变动来观察和判断二线城市的房价是一个很好的方法，一线城市的房价都跌了，二线城市的房价难道会只涨不跌吗？

虽然二线城市的房价变动有一定的相似性，但不同的二线城市由于所处地域不同，经济发展和人口密度不同，其房价的走势也有一定区别，分析的方式和逻辑也有所不同。按照地域来分，可以把二线城市分为三类：第一类是环一线城市的二线城市，第二类是经济较发达的二线城市，第三类经济欠发达的二线城市。这三类二线城市都有自身的发展趋势。

第一类是环一线城市的二线城市，如天津、杭州、苏州、南京等地，这些地区的房子是二线城市中最先涨起来的，受一线城市带动幅度最大，和一线城市房价的浮动周期差不多，但还是会略有滞后，并且涨幅和跌幅都有限。这些二线城市普遍经济较为发达，城市土地供给量逐年减少，人口流入量却逐年增加，就中长期因素来看，由于有人口和经济的支撑，即使房价下跌，下跌幅度也很有限。

第二类城市是较发达的二线城市，包括沿海城市和大部分省会城市。2009年至2011年，中国沿海城市的房价直线上升，包括青岛、大连、三亚等地，房价都已过万元，如青岛在2010年时房价就达到15000元/m²，而大连的房价早在2010年就已过万元/m²。当时沿海城市房价疯涨，主要是由于全国掀起了海景房的购房潮，但之后，沿海城市的房价都有下跌并趋于稳定，因为需求并不是刚性的，注定房价不会持续上涨。一些较为发达的省会城市，2016年之前房价都比较平稳，如济南、郑州、武汉。2017年在一线城市限购后，很多人便把目光转向这些地区，使这些地区的房价持续上涨。

第三类城市是经济欠发达的二线城市，如昆明、长沙等地，这类城市处于二线和三线城市之间。这些城市的房价常年处于比

踩准房地产节奏，做好高抛低吸

较稳定的状态，有比较大的投资空间。例如，昆明从 2011 年到 2017 年房价就没有涨过，都在 8500 元/m^2 左右徘徊。在二线城市陆续限购后，投资者会将目光转向这些地区，从而带动房价的上涨。但购房者需要注意的是，这些地区本身缺乏经济和人口支撑，房价在大幅上涨过后，肯定会有所回落，并且房价可能会长期横盘，因此购房者在买房时，一定要把握好时机，切不可在高点买入。

想要买到好房子，一定要讲究天时地利人和，买什么样的房子，在什么位置买房，什么时候买房，都很有讲究，只有掌握这些，才能做好房地产投资。为了让大家更好地了解市场，再对一些热点城市进行分析，大致剖析之后房价的走势，以便帮助大家更好地投资。

热点城市地产状况分析

第一章

一线城市

一线城市指的是在全国政治、经济等社会活动中处于重要地位并具有主导作用和辐射带动能力的大都市。中国大陆的一线城市一般指北京、上海、广州、深圳。

一、北京

毋庸置疑，北京的房地产市场会一直向上发展，因为北京是中国最有投资价值的城市。

第一，北京的房子供小于求，并不会因为雄安新区的建设、京津冀一体化的发展而改善。因为有实力的人还是会在北京买房，只有在北京买不起房的人才会退而求其次，到环京地区买房。

第二，北京房子可以很好地保值抗通胀，而在北京买房的最佳时机就是房价处于下跌趋势的时候，有能力有条件在北京购房的人，即使错过房价的最低点，也要在房市逐渐回暖时入手房产。要知道政府限购只能一时稳定房价，需求量按压不住时，房价就会停止下跌。因此，在限购政策出台后，房价下跌的一段时间内是买房的最佳时机。

第三，北京属于贴城模式发展，也就是说二环、三环、四环连接得很紧密。在北京，目前投资潜力比较大的区域就是丽泽金融商务区以及周边的西城板块和广外片区。在一线城市，能买市区的房子就不要买郊区的房子，即使在郊区买房，也应该买交通便利、面积较小的房子。

再一次提醒大家，如果有条件，一定要在北京购房，哪怕是从郊区的小房子一步一步进行置换。一线城市的房子就是优质资产，随着城市的分化，之后进入一线城市越来越难，如果有条件，一定要在合适的时机在一线城市购房。

二、上海

上海的房地产市场和北京有些区别，上海并没有像北京一样用建立新区的方式来缓解人口压力。因为上海周边的城市都已经较为成熟，完全可以承接上海的多余人口；周边的交通也比较发达，人口可以实现自动迁移。

上海作为中国的金融中心，其经济地位极高，同北京一样，能在上海买房就一定不要犹豫。

第一，从2018年初的数据来看，上海的房价已经有上涨趋势，一方面上海的房价在2017年底的时候已经跌到5万元/m²左右，基本已经跌透，达到低点；另一方面，深圳的房价在2017年的时候已经停止下跌。深圳是中国市场最活跃的区域，对市场的敏感度最强，是市场的晴雨表。深圳的房价停止下跌后，上海和北京的房地产市场必然会受其带动，出现回暖。如果之前错过了买房的机会，现在买房也还来得及。

第二，上海和北京一样也是贴城模式发展，上海比较有投资价值的区域还是主城区。目前上海的内环已经没有土地供给，以后肯定是越往内环越贵，并且上海的发展将以一主两轴为核心，一主就是指主城区，而两轴则是指黄浦江以及延安路至世纪大道。和北京不一样，北京主要是要疏导主城区的产业，把政治和经济的区域分开，但是上海的发展则要发挥集群效应，引导产业的聚集，所以在上海购置房产，如果有条件还是要以核心区域为主。

三、广州

在一线城市中，广州的房子均价是最低的。2017年底广州房子的均价为3万元/m²，大概是北京的一半。人口是决定房价的长期因素，依据官方数据，北京的常住人口大概为2300万，而实际上应该为2500万到2800万，有500万左右的人口是没有登记在册的。依据国家统计局的数据，广州的常住人口大概在1400万，约是北京的一半，其房价也约是北京的一半。

近年来，由于长江三角洲地区的发展，都认为广州会被边缘化，甚至还有跌出一线城市的危险。根据2017年的数据，广州是中国第三大城市，GDP仅次于北京和上海。上海的优势是在金融、工业和高端服务业上，广州则是中国的商品贸易中心，并且聚集着许多知名的房地产企业。广州的包容性非常强，是一个真正国际化的城市，在广州

热点城市地产状况分析

生活着30多万非洲人，销往亚、非、拉的绝大多数商品出自广州。珠江新城也成为广州的一张新名片，巩固着广州一线城市的地位。

所以，广州不但不会跌出一线城市，反而是北上广深这四个城市中发展潜力最大的一个城市。随着粤港澳大湾区的发展，广州一线城市的地位会进一步深化。因为粤港澳大湾区是以广州的南沙为中心，辐射带动周边城市，以后广州肯定是一个大发展大繁荣的地方。

广州目前的房价还不算太高，和其他一线城市的高房价不同，广州有些地区的房价甚至还不及一些二线城市房价高，这就使得广州的房价有着很大的升值空间。广州的房价偏低，首要原因还是因为广州人口相对来说较少，其次广州缺乏金融、高端服务业的支撑，购房人群的经济实力不足，但是随着广州日渐国际化以及人口的不断迁入，广州的房价肯定会逐渐向沪深靠近。

广州的城市发展和北京、上海不同，广州采用的是离城模式发展，就是一个片区一个片区地去开发。我认为目前广州比较有投资价值的区域是广钢新城一带，也就是原来的广州钢铁公司。广钢新城是2013年广州新改造的城区，地理位置优越，目前交通也比较便利，学区也比较好，最重要的一点是广钢新城是广州一个正在向上发展的区域，很可能成为下一个珠江新城，目前珠江新城的房价在6万元/m^{2}到8万元/m^{2}不等，而广钢新城的房价目前大都还在5万元/m^{2}以下，投资潜力巨大。

四、深圳

深圳位于珠江三角洲东岸，和香港仅有一水之隔，是中国改革开放建立的第一个特区。深圳的房子均价目前接近5万元/m²，比北京和上海都要低。原因有二：第一，就政治、经济地位来说，深圳肯定是在北京和上海之后的。第二，深圳是一个比较包容的城市，其户口取得相比北京、上海容易很多，很多在北京、上海拿不到户口又想在一线城市安家落户的人，会选择去深圳发展，因此深圳聚集了很多中产阶级，这部分人的经济实力有限，所以无法把深圳的房价拉得很高。

但是深圳的房子均价不高，不代表深圳的房价不高，深圳比较好的地段，比如蛇口片区和前海片区的房价都已经超过10万元/m²，和北京、上海房价持平。而深圳一些老城区和郊区的房子较为便宜，这才拉低了深圳的房价。

深圳面积小，濒临香港，土地供给有限，并且有中国最大的互联网企业腾讯，有中国最大的通讯制造商华为和中兴，IT产业和金融产业都很发达。虽然深圳的房价目前在北京和上海之后，但是深圳地少人多，随着粤港澳大湾区的发展，深圳的房价潜力巨大。

深圳的城市发展同广州一样，是离城模式发展，并不是贴着老城区一圈一圈发展，而是撇开老城区从罗湖到福田，再到南山，一路向西开发到海，没有土地继续发展之后，深圳又提出了东进政策，重新向东发展，开发了盐田等地。深圳是在2000年之后才开始真正的繁荣，主要发展的是福田和南山，南山的房价目前已经比较高，投资价值不大。但由于深圳的东进政策，福田应该会迎来新一轮的发展，并且福田既是老城，离关口也很近，相比于罗湖，福田的城市道路也比较发达，因此福田是目前深圳比较有投资价值的区域。

　　2016年至2017年，除了一线城市，环京、环沪、环深的城市房价涨幅最大，特别是在一线城市限购以后，资金基本都流向环京、环沪、环深三个区域和一些热点的二线城市。因此在2017年之后，这些城市房价依旧呈上涨趋势，但要注意的是，并不是房子涨价的城市都值得投资，有些城市的房价只是受一线城市带动，并没有过多的经济和需求作为支撑，购房者在购买时一定要谨慎选择。

第二章

三大城市群

分析完北上广深这四个一线城市，我们再来分析一下一线城市的周边城市，这类城市有以下几个明显特征：第一，房价受一线城市带动较为明显；第二，房价普遍涨得快跌得也快，在买房时要注意选好时间点；第三，这些城市有些潜力巨大，有些升值缓慢，在投资时一定要注意选择好区域。

在认识城市圈时，大部分人会有这样一种观点：不论是环京、环沪，还是环深，都是北上广深这些一线城市带动了周边城市的发展，认为上海和广州对周边城市的带动能力强，而北京则对周边的带动能力较弱，甚至有些人认为北京在蚕食河北的资源，从而导致了北京周边较为落后。其实这种观点是完全错误的。

当初上海还是个小渔村的时候，上海周边的苏杭地区还有南京地区就已经很繁荣了。在深圳特区刚刚建立的时候，带动珠江三角洲发展的并不是广州和深圳，而是东莞、中山、顺德和南海，当时这四个城市还被媒体称为"广东四小虎"。可以说不是上海、广州带动了周边，而是周边孕育了上海、广州，等上海、广州变强之后，又反哺周边。

而北京对河北资源的索取从而导致河北发展不起来，这种说法也有失偏颇，因为资源并不是一个城市发展的关键因素，民营企业才是一个地区是否能繁荣的关键因素所在。河北的经济结构中，民营企业所占比重不大，而上海、广州周边城市的民营企业十分活跃。虽然河北离北京很近，但不是离得近就可以带动其发展。因此在投资环京、环沪、环深的时候，除了地理位置，还应该注重城市本身的实力以及经济的发展。

一、京津冀城市群

城市群是城市发展到成熟阶段的最高空间组织形式，是指在特定地域范围内，一般以一个以上特大城市为核心，由至少三个以上大城市为构成单元，依托发达的交通通信等基础设施所形成的空间组织紧凑、经济联系紧密，并最终实现高度同城化和高度一体化的城市群体。中国核心城市群主要有长江三角洲城市群、珠江三角洲城市群、京津冀城市群。

京津冀城市群的概念由首都经济圈发展而来，包括北京、天津两大直辖市以及河北省的保定、唐山、石家庄、廊坊、秦皇岛、张家口、承德、沧州、衡水、邢台、邯郸，共13个城市。

京津冀协同发展是习近平总书记在2014年提出的，主要是解决非首都核心功能，解决北京大城市病的问题，以实现京津冀优势互补，促进环渤海经济区发展，带动北方腹地发展。京津冀协同发展是中国三大国家战略之一，拥有国家政策的大力支持，是一个重大国家战略，是我们国家的千年大计。

京津冀城市群发展中存在的主要问题有两方面：一是京津冀城市群经济发展整体水平较低，发展不均衡，北京发展较快，河北发展则比较缓慢。因此，虽然京津冀城市群的经济总量比较大，但人均地区生产总值远低于长江三角洲城市群和珠江三角洲城市群；二是核心城市对区域发展的带动作用不明显。京津冀地区有北京、天津两大核心城市，但是除了这两大城市，其他城市发展都较为落后，低等级城镇数量过多，中等城市偏少。虽然天津建成了滨海新区，但也没有真正分担首都的功能。而河北的八个市作为次中心，因为城市自身的经济实力有限，很难受到核心区域经济带动，使这些城市群边缘地带很难分享中心城市发展的成果。

目前来说，环京区域的发展主要受两大因素影响：第一，就是雄安新区；第二，就是北京市政府搬迁到通州，而通州又是天津、河北的连接地带，是津京冀协同发展的重要区域。通州作为北京城市副中心，雄安新区作为产业疏解的集中承载地，这两个地方将会承接最多的产业人口。但是雄安新区是没有商品房开发的，而通州目前也在执行限购政策，外地人很难在通州买房。因此，在环京区域中，环雄安区域和环通州区域是环京投资的重点区域，包括环雄安的南三县白沟、霸州、文安和环通州的北三县燕郊、大厂、香河。

除了北京城市副中心和雄安新区，政府另外还会设置四大战略合作功能区：北京新机场临空经济区、曹妃甸协同发展示范区、天津滨海新区及张承生态功能保护区。其中，北京新机场临空经济区既位于京津冀中部产业核心区，同时也在北京城市副中心和雄安新区的辐射范围之内，是整个环京地区的腹地，是整个环京地区产业物流、人流运转的核心区域，因此环机场区域也必将成为最值得投资的区域之一。2019年新机场将会正式试运营，而廊坊、固安及永清这三个环机场的中部区域必将崛起。

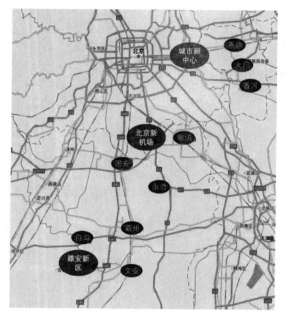

环京九城的具体区位

京津冀协同发展，将建成首都政治中心功能＋副中心经济中心功能＋新机场交通枢纽中心功能＋雄安新区科技中心功能，形成世界级城市群的核心功能组团。环京地区的北三县＋南三县＋中三县这九城将贯穿整个城市副中心、北京新机场及雄安新区。

从上述分析可以看出，在环京地区，最有投资潜力的区域便是南三县＋中三县＋北三县，环京地区在2017年实行限购政策，要求三年社保，使得环京的房子降价幅度非常大。而实行该政策表面上是抑制房价，实际上则是开发环京地区的需要。降低房价，能够有效地降低环京地区的承接成本，能够让环京地区的拆迁安置费用更加低廉。同时，较低的房价也可以更好地吸引从北京疏解出来的人口和产业。但可以预测的是，随着环京地区的发展，不断有企业和人口入驻环京区域，环京区域的限购政策也会有所放松，之后可能在环京区域工作的人都可取得相应的购房资格，推动环京地区房地产市场的发展，从而刺激经济的不断增长。随着北京城市副中心的建设和雄安新区的发展，未来环京地区的限购政策肯定会有所放松，购房需求也会随之增多。

在环京九城中，最值得投资的还是北三县，首先由于地理位置等因素，北三县离北京最近，之后修建的京唐城际铁路会使北三县和北京连成一体，其房价受北京的带动潜力应该是最大的。其次便是南三县，南三县位于雄安附近，肯定会有一定的升值空间，并且南三县目前的房子还比较便宜。但是在雄安，以后购房的人群还是以当地工作的人群为主，购买力有限，并且雄安的房地产政策还未具体出台，因此南三县的房子肯定会升值，但是升值潜力较北三县弱。

环京区域最有投资潜力的是北三县＋中三县＋南三县，而环京区域其他的城市有无投资价值呢？

中国对于环京区域实行的政策是京津一体化，京津冀协同发展。可以看出政府对天津十分重视，天津的地位必将提高，会逐渐向北京靠拢。所谓京津一体化也就是北京和天津两个城市逐渐趋同，融为一体。既然城市都融为一体了，可想而知，天津和北京的房价也应该不断趋同。

第一，天津本身经济也比较发达，根据2016年的数据，天津的GDP位于全国第五位，且外来人口不断增加，供地量却在逐步减少，天津的经济和供求都是天津房地产市场有力的支撑点。

第二，就京津一体化而言，天津和北京会不断趋同，而天津同北京的交界带就是通州区域，因此天津的房价必将和通州趋同。

2017年底，天津的房价稳定在21000元/m²左右，最高时达到25000元/m²左右，但同时很多二手房交易受市场和政策的影响都处于停盘状态。2018年年初，天津的房价已经跌入低点，可能还有一定下跌的空间，但是不太可能跌破20000元/m²。长期来看，天津的房价一定会随着北京的带动而进一步拉升，所以天津是一个比较好的投资区域。

天津市和平区的房价在2017年底时就已经达到57000元/m²，和北京接壤的武清区虽然产业还没有发展起来，但已经被国家规划为武清经济技术开发区，主要承接高端制造业、生物医药业。武清区的房价2017年底时在13000元/m²左右，最高时涨到16000元/m²。因此，武清是一个比较好的投资区域，不仅和北京接壤，地理位置优越，而且房价也不高，升值空间很大。天津市老城区的房价已经接近北京，升值空间不会太大。

说完天津，我们再来说说环京的其他区域。河北虽然有11个市被划进了京津冀协同发展的范围，但是协同发展和一体化是两个概念，因此要注意天津是"一体化"，一定比河北的"协同发展"在地位上高很多，这会直接反映到之后的房价上。

其实，环京地区的发展相对还比较落后，因为环京地区基本没有经济支撑，并不是河北的11个城市都有投资价值，要想房子升值必须靠区位取胜。

所谓"要想富先修路"，河北除了环京九县，比较有投资价值的就是交通枢纽站点，位于交通枢纽的房产会随着北京及周边房子的升值而升值。环京地区已经大致规划出半小时的交通圈，同时已经基本确定修建六条城际铁路。

第一条：京唐城际铁路。2018年年底竣工，后期将会延伸到曹妃甸，是首都城市群第一条通往入海口的城际铁路。全程运行时间30分钟，将会带动城市副中心、北三县、宝坻和唐山等区域沿线的发展，是一条首都城市圈向东向海发展的交通要道。

第二条：京滨城际铁路。北京到滨海新区，这是首都城市群第二条通往入海口的交通要道，比京唐城际铁路更加显要。全程运行时间也是30分钟，前四站与京唐城际铁路共用轨道和站点。

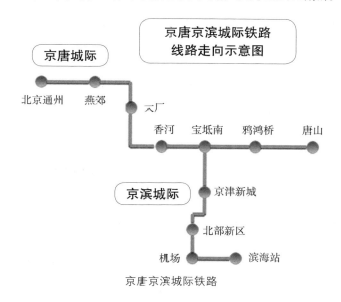

京唐京滨城际铁路

第三条：城际铁路联络线。这是连接北京南北两大机场的关键要道，最大受益者是城市副中心及廊坊，是两大世界级机场贯通的枢纽。全程大概137千米，运行时间也是30分钟。从首都国际机场到新机场，途经城市副中心、亦庄火车站、廊坊，最后到达新机场。

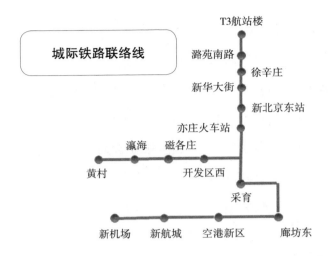

第四条：廊涿固保城际铁路。这是涿州、固安、保定和新机场的联动要道，二期工程还要通往北三县，是环京地区东西联动的关键枢纽。廊涿城际铁路对环京地区的发展来说至关重要。这是环京地区东西联动发展的唯一交通要道，将会把整个环京的南部地区贯穿起来，实现真正的环京一体化发展。

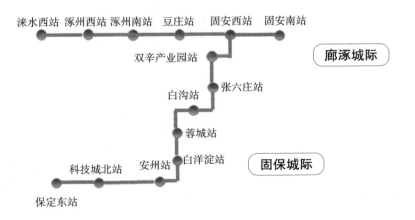

第五条：京雄城际铁路。北京—新机场—雄安。大兴南、固安及霸州等地区将会因此而受益。京雄城际铁路是一条真正意义上的雄安专线，而且贯穿二机场，把雄安新区和城市副中心这两翼连接了起来。

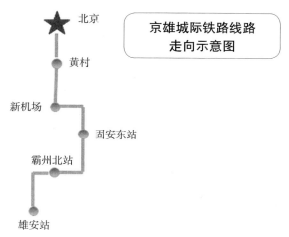

京雄城际铁路线路
走向示意图

第六条：京张（崇礼）城际铁路。这条要道是真正的旅游通道，一举确定了张家口在整个首都经济圈中的旅游老大地位。这条铁路的开通应该会带动沿线区域房价的上涨。

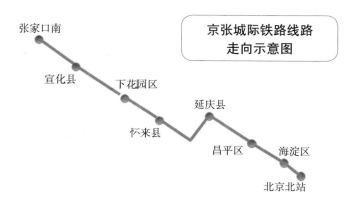

京张城际铁路线路
走向示意图

通过六条生命线，整个环京地区的四大功能区之间的串联就基本成型了。首都世界级城市圈初步建成。

总的来说，投资环京地区要先选好位置。环京地区最好的投资区域是天津，其次是河北的北三县、南三县和中三县，再次是沿线的重要交通枢纽地带。但是环京地区的房子普遍具有一个特点，就是房价涨得快跌得也快，所以购买环京地区的房子必须注意不要在高点买入。例如，2016年底至2017年初，全国房价都有大幅度上涨，特别是一线城市涨幅最大，燕郊的房价受北京房价的带动，涨幅也非常大。但是随着2017年全国多个城市的限购令陆续出台，北京的房地产市场开始降温，而燕郊的房价则直接腰斩，当初4万元/m²的楼盘到2017年底时降到2万元/m²左右。从燕郊房价的变动可以看出，环京地区的房子有着大涨大落的特点，不论政策怎样变动，在环京地区购买房子一定要避免高价购入。拿燕郊来说，虽然今后燕郊的房子有一定的升值空间，但是要重新涨到4万元/m²，不知道要等多久，很多之前在燕郊买房的人一夜之间被套牢。

二、长江三角洲城市群

长江三角洲城市群包括上海，江苏省的南京、无锡、常州、苏州、南通、盐城、扬州、镇江、泰州，浙江省的杭州、宁波、嘉兴、湖州、绍兴、金华、舟山、台州，安徽省的合肥、芜湖、马鞍山、铜陵、安庆、滁州、池州、宣城等26市。

长江三角洲城市群是中国经济最发达的区域，以仅占中国2.1%的国土面积，集中了中国1/4的经济总量和1/4以上的工业增加值，是中国经济发展的重要引擎，也是中国对外开放的最大地区，经济发达，交通便利，是"一带一路"与长江经济带的重要交汇地带，是中国最大的外贸出口基地。

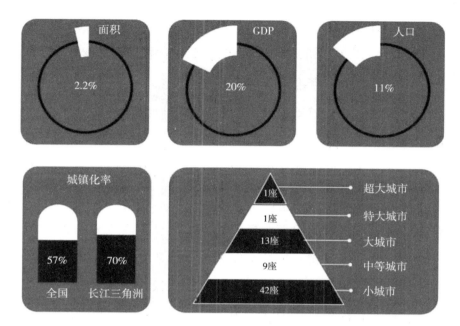

长江三角洲城市群面积、GDP、人口占全国比重

　　长江三角洲城市群是围绕上海这一中心发展起来的。长江三角洲城市群最明显的一个特征就是区域发展比较平衡，经济比较发达，是一个已经发展成熟的城市群。

　　第一，从交通来看，上海、南京、杭州、苏州四座核心城市之间已经形成一小时交通圈，未来宁波也将纳入交通圈。

　　第二，长江三角洲城市群中的每个城市发展都比较成熟，经济发达，并且都有其独特的产业特点。国家对其中每个城市都有着明确分工：上海是区域中的核心城市，致力于成为世界级的科技创新中心；南京是区域性的创新创业高地和金融商务服务中心；杭州是国家自主创新示范区和跨境电子商务区；宁波是国际航运服务基地和国际贸易物流中心；苏州是先进制造业和现代服务业聚集区。上海周围的核心城市都有自主的经济支撑，因此上海人

口也可自动向外溢出。

第三，长江三角洲城镇化率远远高于中国平均水平，达到70%，接近发达国家水平，并且长江三角洲一体化发展正在加强深化，区域间人口流动频繁，已经初显世界级城市群的特征，城市群已经形成规模。

长江三角洲城市群的发展，遵循一核五圈四带，指的是以上海为核心，发展宁波都市圈、杭州都市圈、苏锡常都市圈、南京都市圈、合肥都市圈等五个都市圈以及沪宁合杭甬发展带、沿江发展带、沿海发展带、沪杭金发展带等四条发展带。未来长江三角洲城市发展的最重要特色在于五大都市圈的同城化发展。

长江三角洲城市群发展较为成熟，但是长江三角洲区域横跨上海以及三个省级行政单位，管理起来较为繁琐，环沪地区的城市很多，不同城市发展也有所不同，在投资房产时一定要注意选好区域。下面就来分析一下长江三角洲地区的房地产发展。

说起环沪区域，首先便要说昆山。昆山和北京的燕郊一样，都是城市的延伸。而且昆山的花桥已经开通了通往上海的地铁，在2017年底，花桥的房子均价在每平方米12000元，最贵的区域香榭丽大道在20000元左右。这个价格比目前的燕郊要低一些。昆山最大的投资价值就在于区位，离上海较近且交通方便。目前来说昆山的房价还不算太高，并且呈平稳上涨的态势，会随着上海的房价升高而升高。如果是刚需人群，并且买不了上海的房子，可以选择在昆山购房。但是如果可以在上海市区买到房子，还是建议在市区购买。

以下是2018年2月昆山房价分布图：

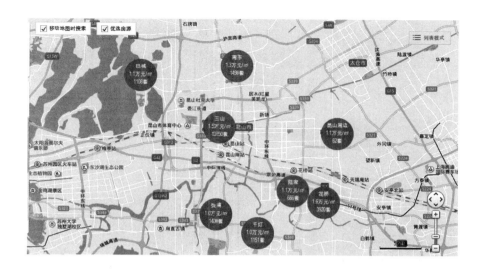

再来说说环沪的其他区域。环沪地区同环京地区不同，环沪地区的城市发展都比较成熟且分工明确，因此在看环沪地区时，一定要把握好三点：位置、经济、供求。

环沪地区目前的交通也比较成熟，不论是地铁还是高铁，所有城市基本能在一小时之内到达上海。在环沪地区，也不是离上海越近就越贵，一些离上海较远但经济发达并且供小于求的城市房价比较高。我们先来看一下环沪地区最主要的三个省会城市。

1. 南京

南京是江苏省的省会，根据2016年的数据，南京常住人口大概在827万，城镇化率82%，GDP在中国城市中排名第11位。南京的产业以金融业、旅游业、文化产业、信息技术、智能电网、新能源、高端装备制造业为主。

下图为2018年2月南京房价分布图。从中可以看出，在南京主城区，目前房价接近4万元/m²，而在郊区，即使便宜的地段，房价也已经达到2万元/m²。

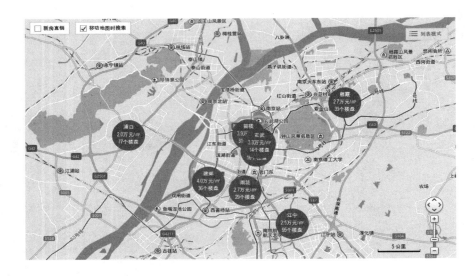

南京的房价在中国房价中算是比较高的，早在2009年，南京的房子均价每平方米就已经过万元。南京的房价基本每年都在稳步走高。截至2018年初，南京的房子均价已经达27000元/m²，并且基本没有下跌过。南京的房价如此之高，主要有以下几个原因：

第一，南京地理位置优越，是东部地区的交通枢纽，经济发达，为高端产业的聚集区，南京的房地产业有较强的经济支撑。

第二，南京的供地面积逐年减少，同时由于南京高校众多，又有大量的高端产业聚集，外来人口逐年增加，并且都是高质量、有能力买房的人口，本地人对房子的置换需求也逐年提高，这使得供求关系紧张，需求量太大。这是导致南京房价偏高的根本原因。

第三，南京的房价受上海的带动也比较明显。在上海房价上涨的氛围下，南京也会受其影响，因此上海房价上涨时，南京的房价也会跟着上涨。而在上海限购的情况下，购房人群首先流入的就是南京、杭州等地，这会进一步拉动房价的上涨。

2016年至2017年，南京的房价每平方米就上涨将近1万元，而在往年每平方米上涨3000—4000元就已经算是上涨幅度很大了。面对如此高的房价，很多人都会有疑问，不知道今后南京的房价究竟是跌是涨。

我个人认为，在2018年初，南京的房价已经处于横盘态势，之后会有小的跌幅，但不会跌太多，长期还是呈平稳和上涨的态势。因为南京的房价和很多二线城市有所不同，南京房地产一个明显的特征就是二手房的价格普遍比新房价格高，出现了二手房价格倒挂的现象，并且这个现象已经持续很久。因此，南京的房价即使要跌也是阴跌，跌幅不会太大。

2.杭州

杭州是浙江省的省会，根据2016年的数据，杭州常住人口为918.8万，城镇化率76.2%，GDP在中国城市中排名第10位。杭州的产业以信息业、电子商务、金融业为主。

我们先来看一下杭州目前的房价情况。下图为杭州2018年初的房价分布图。从中可以看到，目前杭州主城区的房价已经突破4万元/m^2，大多数城区房价也已经突破3万元/m^2。

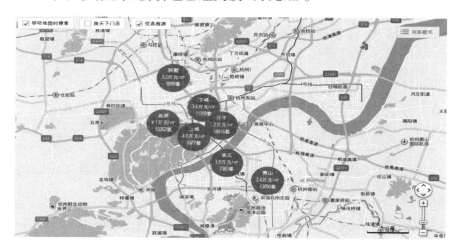

其实，杭州的经济发展、人口密度和南京差不多，但是房价明显比南京高出很多，是中国除了一线城市外房价最高的一个区域。除了地理位置优越、高校众多、经济发展较快、受上海带动等因素，最重要的一点就是杭州的供地少。

杭州的房价早在1997年就开始上涨。1997年下半年，杭州成立土地储备中心，是中国第一个成立土地储备中心的城市。成立土地储备中心就意味着土地供应被垄断，土地供给逐年减少，因此房价一度领涨全国。杭州的建设用地极度紧缺，直接导致杭州房子供应量太少，引得房价不断高涨。

杭州的房价和南京一样，很难出现和上一轮一样的涨幅，一段时间内，杭州的房价应该会比较平稳，可能会有小的跌幅，但是不会太大。

3.合肥

合肥是安徽省的省会，根据2016年的数据，合肥常住人口779万，城镇化率70.4%，GDP在中国城市中排名第28位。合肥的产业以汽车及零部件、装配制造、家用电器、食品及农副产品加工业为主。

首先，我们还是来看一下合肥2018年初的房价。下图为合肥2018年初的房价分布图。从下图可以看出，合肥市中心的房价刚刚突破2万元/m^2，其他区域的房价有的也接近2万元/m^2。

合肥的房价在2016年之后呈爆炸式增长，从每平方米8000元左右直接涨到14000元左右，有些地区的房价更是突破了2万元/m^2。合肥的情况和南京、杭州两地不同。

第一，合肥的经济没有那么发达，产业以加工制造业等第二产

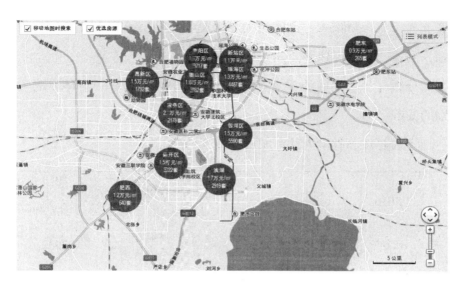

业为主，人均每月工资才2000元左右。

第二，合肥的面积比南京和杭州都大，供给没有那么紧张，并且人口不多。本地人基本有房，外来人口少且基本没有购房能力，因此在2016年以前，合肥的房价也仅仅徘徊在8000元/m²左右，比较稳定，没有大幅上涨。

第三，造成此次合肥房价大幅上涨的原因，主要是上海限购以后，由于合肥地处长江三角洲地带，地理位置较好，离上海较近，很多外来人口均流向合肥进行投资，从而拉升了房价。

按照合肥的经济发展和人口数量，如今合肥的房价确实有些虚高，而在2017年之后，合肥的房价也徘徊在14000元/m²左右，并没有再度上涨。

除了供求、经济、受一线城市带动等因素，南京、杭州、合肥，包括济南、武汉、郑州，这些城市房价的上涨还和中央2016年出台的发展中部地区这个大的战略政策有关。合肥房价这一轮的上涨，主要是受上海以及国家政策的带动，并不是因为自身经济的发展、人口流入量增大、刚需过大，因此之后的房价肯定会有一个跌幅，同样，跌幅应该不会太大。

分析完环沪地区的三个省会城市，接下来我们看一下环沪地区别的城市。

下表是江苏省境内几个城市的基本情况：

城市	人口（2016）	面积	产业	GDP（2016）	2018年初平均房价/m²
苏州	1060万	8488平方千米	电子、电器、钢铁、通用设备、化工、纺织、电子商务	15400亿元，排名全国第7	22932元
无锡	651万	4628平方千米	纺织服装、电子信息家电、精密机械及汽车零配件	9157亿元，排名全国第14	13203元
南通	730万	8544平方千米	船舶修造、电子、纺织业、电力能源、化工、造纸业	6607亿元，排名全国第24	14219元
常州	470万	4373平方千米	装备制造业、新能源、电子、化工、纺织品	5700亿元，排名全国第34	12726元
盐城	721万	17000平方千米	工业、汽车行业	4380亿元，排名全国第41	8202元
扬州	461万	6634平方千米	旅游、餐饮、商贸、物流	4375亿元，排名全国第42	13732元
镇江	311万	3843平方千米	化工、电力、造纸、食品电力、电子信息、新材料	3706亿元，排名全国第53	9012元
泰州	508万	5787平方千米	船舶、医药、电子、机械、智能电网	3924亿元，排名全国第49	11129元

苏州虽然不是省会，但是历史悠久，地理位置优越，离上海较近。根据2016年的数据，苏州城市GDP高于南京和杭州，位于全国第7位。苏州的房价在2016年时受到上海的带动，并且苏州的经济比较

发达，外来人口逐年增多，这些因素导致苏州房价暴涨。苏州的房价之后会趋于稳定，和南京杭州一样很难出现较大涨幅，甚至微跌。

从地理位置上来看，无锡的位置和苏州差不多，但是无锡的房价才是苏州的一半，究其原因主要是无锡的供地量大，且经济及产业没有苏州发达，人口流入量不足。南通和常州在地理位置上离上海稍远，南通经济较为发达，又是环沪地区的交通枢纽地带，房价比常州略高。扬州属于旅游城市，投资潜力有限。至于盐城、镇江和泰州离上海较远，房价会受上海的带动，从而出现一定的涨幅，但不会出现大涨。还是那句话，要买房首选一线城市市中心位置，其次才是一线城市周边经济较发达、政策倾斜力度较大的区域。

分析完江苏，现在我们来看看浙江，下表是浙江省内几个城市的基本情况：

城市	人口（2016）	面积	产业	GDP（2016）	2018年初平均房价/m²
宁波	783万	9816平方千米	贸易、服装、石油化工、家用电器、汽车零配件	8560亿元，排名全国第15	18532元
绍兴	501万	8273平方千米	建筑业、纺织业	4800亿元，排名全国第36	15335元
台州	603万	9411平方千米	汽摩配件、缝制设备、橡胶塑料、医药化工、船舶行业	3930亿元，排名全国第48	12421元
嘉兴	466万	3915平方千米	光伏制造、精细化工、五金塑料、电子材料、纺织服装	3836亿元，排名全国第50	10253元
金华	536万	10942平方千米	汽车、制药	3662亿元，排名全国第54	14772元
湖州	262万	5818平方千米	丝绸、机电	2238亿元，排名全国第94	10926元
舟山	114万	1440平方千米	旅游业、船舶修造、港口物流、渔业	1219亿元	14230元

从上表可以看出，在浙江，房价最高的要数宁波、舟山、绍兴这三个城市。

宁波房价较高，主要因为宁波是港口城市，经济发达，并且没有限购，外来人口逐年增加。但是目前在宁波，好地段的房子都快涨到 2 万元 /m² 了，对于刚需人群来说，每平方米 2 万元和总价 200 万元是一个临界点，如果房子总价超过 200 万元，那么大部分刚需人群会不能承受，转而在别的区域购房，而宁波的房价目前已经在这个临界点上。因此，宁波的房价很难再有比较大的涨幅。

舟山是一个旅游城市，虽然经济欠发达，但是环境优美，离上海较近。就长期而言，舟山主要是一个旅游城市，产业欠发达，外来人口及需求量不会太多，因而投资价值并不是很大。

绍兴是鲁迅的故乡，是一个文化悠久的老城，经济也比较发达，而绍兴房价上涨的很大一部分原因是绍兴以前的房子库存量较大，在 2017 年 5 月之后，绍兴也是以去库存为主，政府的支持力度比较大，并且受拆迁政策的影响，绍兴的供求关系有所改变，进一步推动了绍兴房价的上涨。但是长远来看，绍兴经过这一轮去库存之后，房子的需求量会趋于稳定，除非是下一轮房价上涨时受上海带动，不然房价很难出现较大幅度上涨。

离上海很近的嘉兴也是目前比较火的区域，大家经常拿昆山的花桥和嘉兴作比较。目前，昆山的花桥和上海已经开通地铁，在房价暴涨之后，花桥的房子均价在 18000 元 /m²，而嘉兴目前的房价在 10000 元 /m² 左右。虽然嘉兴离上海也很近，但是上海的总体发展规划是偏北的，从上海中心处的人民广场到花桥大概有 35 千米，到嘉兴则要 68 千米，因此上海到嘉兴究竟是修建地铁还是城际铁路还不得而知。因此从总体上看，昆山比嘉兴的发展前景会好一些，但是嘉兴作为离上海最近的城市之一，其发展潜力巨大，而且嘉兴目前的房价还不高，如果要投资，将来一定会有所回报。

安徽作为环沪地区中经济最弱的一个省份，除了合肥，就只有芜湖的GDP排到了全国前100。安徽省普遍经济不是很发达，虽然芜湖、马鞍山、安庆等几个市被列入了长江三角洲城市群，但是由于其经济较为落后，并且当地人口不多，外来人口较少，房价只会一定程度上受到上海的带动，很难有较大幅度的上涨。

下表是安徽省内几个城市的基本情况：

城市	人口（2016）	面积	产业	GDP（2016）	2018年初平均房价/m²
芜湖	388万	6026平方千米	汽车及零部件、材料、电子电器、电线电缆	2571亿元，排名全国第82	9251元
马鞍山	229万	4042平方千米	钢铁行业	1738亿元	6059元
安庆	532万	15398平方千米	化工、纺织服装、农产品加工	1708亿元	7043元
滁州	454万	13398平方千米	硅玻璃、盐化工、农副产品加工、装备制造、新能源	1607亿元	6310元
铜陵	171万	3081平方千米	铜产业	1163亿元	7598元
宣城	279万	12340平方千米	汽车零部件、机械设备制造	1188亿元	8153元
池州	200万	8271平方千米	机电装备、化工、新型材料	654亿元	7770元

三、珠江三角洲城市群

珠江三角洲城市群包括广州、深圳、珠海、佛山、东莞、惠州、中山、江门、肇夫等9个主要城市，新规划扩容汕尾、清远、云浮、河源、韶关等5个城市，这14个城市形成了珠江三角洲城市群。大珠江三角洲地区还包括香港、澳门。

珠江三角洲又有"南海明珠"之称，是先进制造业基地和现代服务业基地，是南方地区对外开放的门户，是全国经济发展的重要引擎，是华中和西南发展的龙头，是中国人口集聚最多、创新能力最强、综合实力最强的三大区域之一。改革开放以来，中国城镇化发展出现了新的契机，尤其是处于改革前沿的广东省更是得到了空前的发展。经济体制改革与对外开放格局的初步形成，极大地吸引全国的资金、人才、技术等生产要素在广东聚集，为珠江三角洲城市群的形成铺平了道路。

珠江三角洲地区的各个城市都同属一个省管辖，在资源整合协调上明显优于长江三角洲地区和京津冀地区，长江三角洲和京津冀的城市由于分属不同地区管辖，城市之间的资源整合相对较难。珠江三角洲地区却能够更好地统一规划，整合各个城市的资源，发挥各个城市的优势，城市之间也能够更好地相互分工合作，使城市群不断发展繁荣。

珠江三角洲的区位优势十分明显，由于珠江三角洲比邻港澳，并且改革开放初期正逢港澳产业结构升级，港澳需要转移成本日渐高昂的加工制造业，于是大量资金流入珠江三角洲城市。珠江三角洲地区最令人瞩目的就是粤港澳大湾区，粤港澳大湾区由"9＋2"的城市群组成，分别是珠江三角洲地区的广州、佛山、肇庆、深圳、东莞、惠州、珠海、中山、江门，加上香港、澳门两个特别行政区。粤港澳大湾区是继美国纽约湾区、美国旧金山湾区、日本东京湾区之后世界第四大湾区。

粤港澳大湾区分为东西两岸。东岸有广州、东莞、深圳、香港、惠州等城市；西岸则有佛山、中山、珠海、江门、肇庆等城市。粤港澳大湾区发展的主要驱动力是广深港三城的合作以及东西两岸有效的融合。大湾区的中心区域主要在东岸，位于东岸的香港、广州、深圳、东莞、惠州这五个城市，以49343.38亿元的经济总量占据了粤港澳大湾区经济总量的64%。

粤港澳大湾区有着巨大的潜力和发展空间，和长江三角洲城市群不同，大湾区许多城市还未发展成熟，有着很大的投资空间。大湾区除了地理位置，产业也是支持其发展的主要动力。珠江三角洲城市群以世界工厂闻名。但是随着近年的不断发展，珠江三角洲地区很多城市的产业已经从以制造业为主转向以服务业为主，在大湾区选择房产时除了要注意地理位置是否优越，还要注重城市经济的发达程度和城市产业的分布，如广州、佛山、东莞、珠海这几个城市的第三产业和高新技术产业都比较发达。大湾区的深圳、香港、广州这三个城市的很高，越靠边缘房价越低，因此在大湾区选择房产时要结合大湾区的经济发展和黄金东海岸这两个因素综合考虑。

在整个大湾区东岸的黄金主轴上，从香港动辄20万元/m²的均价到深圳前海接近10万元/m²的均价，可谓寸土寸金，但是我认为大湾区还有一些区域非常值得投资，其中位于大湾区黄金主轴北端的长安镇、虎门镇和南沙区正处于价值洼地，投资潜力巨大。

2017年底，长安镇、虎门镇周边的房价仅为1.8万元/m²。随着连接珠江三角洲东西两岸的虎门大桥的开通，未来虎门的房产肯定会有巨大发展潜力。

另外一个房产价值被低估的城市则是南沙，南沙目前的房价也处在1.8万元/m²左右。南沙处于珠江三角洲的几何中心，是连接珠江东岸和西岸的城市，是西江、北江、东江三江的汇合之处。以南沙为中心，周围60千米半径内有14个大中城市。南沙作为珠江三角洲的核心城市，起着交通枢纽的作用。航空方面，南沙周围有广州、香港、澳门等几个大国际机场。南沙的水上运输通过珠江水系和珠江口通往国内外各大港口，60—80分钟一班，直航香港、澳门。南沙到深圳机场只需20分钟车程，到中山只需要10分钟车程。广深港高铁建成后，南沙到香港只需30分钟。待广州南站和广州主城区的高速地铁建成之后，时速可达120千米，20—30分钟即可从南沙到达广州主城区。除了区域优势，南沙的经济也以高新产业为主，因此我认为南沙是一个比较值得投资的区域。

就投资价值而言，南沙和虎门两个区域目前是比较有投资潜力的地方，那么粤港澳大湾区别的区域投资潜力怎样呢？

首先我们来看一下大湾区周边几个城市的基本情况：

城市	人口（2016）	面积	产业	GDP（2016）	2018年初平均房价/m²
佛山	735万	3875平方千米	装备制造、家用电器、纺织服装、建材、金属材料、电子信息	8630亿元，排名全国第15	12955元
东莞	832万	2512平方千米	电子信息制造业、纺织服装制造、食品饮料、造纸、化工、玩具及体育用品	6770亿元，排名全国第22	15323元
惠州	476万	11599平方千米	电子信息、石油化工	3390亿元，排名全国第62	10510元
中山	312万	1783.67平方千米	先进装备制造、新能源、汽车制造、智能装备制造	3213亿元，排名全国第65	11942元

城市	人口（2016）	面积	产业	GDP（2016）	2018年初平均房价/m²
江门	394万	9505平方千米	机电、纺织服装、电子信息、食品、造纸、建材	2406亿元，排名全国第85	8632元
珠海	168万	1701平方千米	房地产、医药产业、装备制造	2226亿元	20428元
肇庆	405万	1.5万平方千米	金属加工、电子信息、汽车零配件、食品饮料、生物制药、林产化工	2048亿元	7251元

从上表可以看出，环深地区的佛山、东莞、珠海这三个城市的房价较高。中山虽然位于大港湾区的西岸，但是房价比东莞低了很多。下面我们着重分析一下佛山、东莞、珠海和中山这四个城市。

1.佛山

佛山的房价和许多二线城市一样，2016年之前，房子的均价每平方米都比较低并且稳定在6000元到7000元，2016年下半年佛山的房价开始上涨，一直到2017年底都还处于上涨趋势，突破了万元大关。

虽说表面上佛山的房价看起来不高，但是佛山的房地产市场和其他二线城市有着很大不同，佛山不同地区的房价差别很大。佛山一共有五个区，分别是顺德区、禅城区、南海区、高明区和三水区。其中，三水区和高明区的房价最低，可谓佛山房价的稳定剂，而禅城区和南海区房价则比较高。像在佛山的南海区，目前很多楼盘的房价每平方米都在20000元以上。而高明区的房价每平方米仅为6000元到7000元。佛山地区之间的房价差距过大，主要是因为佛山一部分本地人不断炒高房价，同时佛山的高明区和三水区房子的库存量还很大，导致了两个区域的房价偏低。

就经济发展而言，2017年佛山的GDP在中国城市中排第15位，佛山的房地产市场有着较强的经济支撑。佛山一些地区的房价被低估了，其实有涨价的空间；有些地区的房价则因为供给太少、投资过于集中，涨价过快，房价偏高，如佛山的金沙洲2016年初10000元/m^2左右，而到2017年底就飙涨到20000元/m^2以上。

对于佛山，目前我是不建议投资的，因为佛山现在还有大片的土地没有开发，基础设施还没有完善，有很大的投资空间。如果购房者有资金，建议先投资深圳，其次是广州，再次是南沙。毕竟佛山虽说经济比较发达，但是房子升值的潜力也不可能比广州大，而且佛山当地人已经把一些区域的房价炒上去，目前佛山好位置的房价都比较高，不适合投资。

2. 东莞

东莞的房价相对来说较高，主要因为东莞地理位置优越，连接深圳和广州两个地区，并且位于粤港澳大湾区的东侧。虽然东莞的经济较发达，但本地人口的购房需求其实并不大，房地产市场在很大程度上是靠来自深圳、广州的投资客支撑。2016年东莞的房价大幅上涨。根据2017年的数据，东莞平均楼面价已经达到了11727元/m^2，地价的上涨和供地的紧张会直接导致房价上涨，还有众多来自广州、深圳以及全国其他地方的投资客在东莞投资。2017年底，东莞的房价每平方米大概在15000元到20000元，因此长期来看，东莞的房价还有一定的上升空间，但短期内上涨幅度不会太大。

3.珠海

珠海是一个完全靠位置取胜的城市，不仅紧靠澳门，同香港也可隔海相望。越靠近澳门的地方房价就越高，如横琴的房价目前都已经涨到40000元/m²左右。

虽然珠海的位置比较好，而且有港珠澳大桥的利好政策，但是珠海的经济并不是很发达。长期来看，在珠海最值得投资的区域就是横琴半岛，但是横琴的房价偏高，已经严重透支了城市利好，因此未来珠海的房子不仅不会持续上涨，而且可能会有一个阴跌，我是不建议投资的。正如之前所说的，如果有经济实力，投资珠海还不如投资广州有价值。

4.中山

中山位于粤港澳大湾区的西侧，对于中山来说，比较利好的政策就是深中通道的建设，使中山直接同深圳的宝安机场和前海片区相连接。深中通道的建设肯定会带动中山房价的上涨，但是会涨多少就不一定了，因为政府修建深中通道的意图，肯定是希望粤港澳大湾区连城一体，深圳的人口可以向别的区域迁徙。但是很可能出现和当年日本一样的情况，日本曾在东京和大阪之间修了一条快速铁路，本来是想让东京的人去大阪，但最后没有想到是大阪的人都跑到东京去了。

　　总的来说，环京、环沪、环深地区肯定都会随着一线城市的发展而发展，房价也会受一线城市的带动，但并不是所有地区都值得投资，一些区域由于自身因素上涨幅度会较慢。

　　除了环京、环沪、环深的房子，中国其他二线城市的房产也有着较大的投资价值和升值空间。下面我们就来一起分析一下中国一些热点二线城市，希望能够帮助大家有效地选房、购房。

第三章

二线热点城市分析

一、厦门

厦门的房价可以说是中国房地产市场的一个特例，目前均价为 47000 元 /m^2，和深圳的房价相当，目前厦门房价排名全国第 4。厦门的房价早在 2013 年就突破了 20000 元 /m^2，2016 年至 2017 年上涨了 20000 多元 /m^2，不论是房子的价格还是房价上涨的速度，都和一线城市相当。

究竟是什么原因造就了厦门的高房价呢？厦门以后的房价走势会怎样？还会持续涨高吗？

厦门的房价持续走高，一定程度上是因为厦门土地供给较少而人口众多，但这个原因还不至于把厦门的房价推到和一线城市房价相当的地步，因为厦门的购房需求再大也不可能有一线城市的购房需求大。我感觉主要有两个原因导致厦门房价高涨：

第一，厦门的房地产市场规模较小，市场的规模较小就会导致市场较容易被影响和控制。像北京、上海这样的城市，其房价上涨主要还是受刚需推动，而厦门房价的上涨主要是因很多闽南富商以及福建私企携巨款在厦门购房。厦门这个城市对于外地人口是没有吸引力的，但是对福建本地人口吸引力较大，加上厦门的房地产市场比较小，很容易被投资客炒高。

第二，厦门房价高和厦门政府的政策有一定关系。虽然厦门目前也出台了限购政策，但是之前厦门政府一直对房价管控不严，没有很好地抑制住厦门房价的上涨。

虽然厦门的房地产市场供小于求，但是厦门的房地产市场并没有太强的经济支撑，因此房价肯定不会一直走高，会有所跌落，但跌落幅度不会太大。我一直说中国的房子潜力巨大，就目前来看，虽然一线城市的房价动辄 10 万元/m²，但是这个价格基本就是房子的真实价格，泡沫很少。而厦门的房地产市场肯定存在一定泡沫，并且以后国家的政策定是逐渐往福州倾斜，因此厦门房价以后很难再上涨。

二、青岛

青岛的房价一直不低，甚至远超山东的省会城市济南，青岛的房价在 2010 年时曾达到 15000 元/m²，后来又降到 11000 元/m² 左右，2012 年至 2015 年每平方米基本在 12000 元至 13000 元。2016 年至 2017 年，青岛的房价又迎来了新一轮的上涨，特别是 2017 年，在一线城市和部分二线城市房价均有回落的情况下，青岛的房价非但没有下降，反而上涨态势不减，一直涨到了 18000 元/m² 左右。

从全国范围来看，青岛的房价一直都不低，2000年左右青岛的房价甚至和北京是差不多的。造成青岛房价高的原因有几点：

第一，2000年之后青岛实行经营城市政策，也就是减少供地，使得土地资源不仅稀缺且价格不低。与此同时，青岛由于是奥运会的协办城市，当时城市建设投入较大，财政吃紧，于是政府就通过土地财政来支持城市建设。当时又正值青岛棚户区改造，新出现了很多购房需求，于是在供给紧张但需求巨大的情况下，青岛的房价自然会涨。

第二，青岛的经济发展较快，不仅有众多民营企业，还是个港口城市，环境优美，贸易发达，外来人口流入量较大，甚至超过了济南，人口流入量大就会带来购房需求大，因此巨大的需求量便成了青岛高房价的一个重要支撑点。

青岛政府在2017年3月也出台了限购政策，主要包括：提高购房的首付比例；要求外地户口的购房者需有连续12个月的社保或者纳税证明，并且只能购买一套住房。我们可以看出，这一政策主要是限制外地人炒房。但是由于青岛房地产市场的需求量太大，因此在限购政策出台之后，青岛并没有像别的城市一样房价下跌，反而是不断攀升，从2016年9月的均价12000元/m²一直涨到了2017年12月的均价18000元/m²。但是在2017年底时，青岛房产交易量就已经明显下降，预示着这一轮青岛的房价上涨接近了尾声，随之而来的可能是房价一定程度上的回落。

三、三亚

三亚的房子已经火了很多年，早在1992年时，中国的房地产泡沫就是从海南蔓延的。当时海南的房地产市场出现泡沫，是由于中央提出加快住房制度改革步伐，海南建省和特区效应因此得到全面释放，海南岛的房地产市场骤然升温。

而时隔多年，三亚的房价再度上涨，不是因为政策，而是因为三亚优越的环境和气候。2017年底，三亚位置比较好的房子已经卖到接近40000元/m²。三亚的房子会像前几年一样再度爆冷，出现跌幅吗？我认为应该不会。因为三亚目前的供地越来越少，虽说三亚只是个旅游城市，但是全国有钱的人基本会在三亚买房子，并且目前每年春节去三亚旅游的人数只增不减，所以在三亚房产的需求是有的，但是供给会逐渐减少。

但要是论投资价值，三亚并不是一个特别好的投资区域，因为三亚的房价不仅超出了大部分人的承受能力，而且也不是非买不可，只有有闲钱的人才会选择在三亚买房过冬，因此三亚的房子想要有大幅度涨价也不现实。并且就目前来看，三亚的房子也不好出手。

四、海口

海口和三亚基本是同步发展的两个城市，并且海口的人口比三亚要多，但是房价天差地别，三亚目前的房价已经卖到了近40000元/m²，海口的房价在2017年之前平均还不到10000元/m²。

2017年，海口的房价呈快速上涨的趋势，一方面是因为三亚的房价太高，大多数人会退而求其次选择海口。另一方面国家对海口国际旅游岛的定位以及琼州海峡跨海大桥的建设，并且国家之后很有可能在海南建立自贸岛，这些因素综合起来，直接提升了海口的政治、经济地位，使得房价也水涨船高。

2017年底海口的房子均价基本为每平方米10000元至20000元，还有一些上涨空间，但是2018年4月之后，这一轮房价的上涨也会截止，随之肯定还会有一定程度的下跌。第一，因为海口房子大多数还是外地人购买，本地人基本买不起房，属于旅游地产。第二，海口的房子同三亚一样，并不是刚需房，有钱的人才会去三亚买房，只有资金有限的人才会在海口买房，可想而知等海口的房价上涨到一定程度之后，投资需求肯定会减少，这时海口的房价就会降低，并且不好再次售出。

海口同三亚相比较，我还是建议选择海口的房产进行投资，因为海口的房子有比较大的潜力，三亚的房价已经很高。此外，就中国目前实行的政策来看，中国越来越重视省会城市的发展，以后海口的发展肯定会慢慢超过三亚，就像山东，现在国家政策已经往济南偏移，以后济南的发展肯定会慢慢跟上。

五、济南

和青岛的情况类似，济南的房价也是在2016年到2017年涨起来的，房子均价从每平方米9200元直接涨到15000元，上涨幅度高达60%，2016年以前一直是在每平方米8000元至9000元徘徊，很多年没有明显的涨幅。

济南的房价在2017年底时已经处于比较高的价位，和全国大部分的二线城市一样，济南的房价在这轮上涨过后，也会面临一定程度的下跌。济南这次房价暴涨，除了供给太小、需求太大，以及投资客由一线城市转向二线城市等原因之外，还有一个原因就是济南的房价在前几年一直处于被低估的状态。

济南的房子很长时间徘徊在每平方米8000元至9000元，和昆明、长沙的房价相当，但济南的供地不多，而山东作为人口大省，济南又是山东的省会城市，人口流入量肯定强过昆明、长沙等地，可是济南的房价和昆明、长沙等地差不多，说明济南之前的房价一直处于被低估的状态，这一定程度上也导致了这次济南房价一次性的释放，实现爆发式的增长。

六、郑州

目前郑州的平均房价大概在13000元/m²，郑州这一轮的房价从2016年年初就开始上涨，直到限购政策出台以后，房价上涨的趋势才得以放缓。郑州房价的持续攀升同中国城市化进程的不断推进和河南庞大的人口基数有着紧密联系。

河南是人口大省，早在2016年，河南的人口就已经过亿，而郑州是河南的省会，是河南的政治、经济中心，河南省内的人口大多会流向郑州，河南现在除了郑州，其他城市也没有能力承接如此大量的人口。而别的城市，如开封、洛阳，目前的平均房价也就是6000元/m²，这主要是由于河南的经济发展极不平衡，主要的经济资源和企业都集中在郑州，其他城市的经济发展相对落后，也导致了人口进一步向郑州流动。

虽然郑州每年的住房用地不少，但是由于人口基数过大，供给远远跟不上需求，并且郑州的人口大多是河南本地人，在郑州购房的需求和愿望是非常强烈的，这就会导致房价不断上涨，下跌的可能性很小。

七、武汉

武汉的房价也是在 2016 年至 2017 年有一个较大的上涨，在 2016 年之前，武汉的房价虽然也在稳步上涨，但是上涨的幅度都不大。在 2015 年底时，武汉的房价才每平方米均价过万元。武汉房价的快速上涨主要有以下几个原因：

第一，武汉属于中国中部城市，经济较为发达，集中了湖北其他地区的人口，对人口和产业的吸引力较强，这是武汉房价上涨的基础。

第二，武汉房价会突然快速上涨，同其他二线城市一样是受到了一线城市的带动，许多外地人在武汉投资购房，而本地人由于受到开发商和外地投资客的影响，担心房价进一步上涨，也纷纷开始买房。

第三，由于中国目前的政策是大力开发中部城市，而武汉位于长江和汉水的交界处，是中国的腹地中心，受政策利好的影响最大，导致了房价的上涨。

武汉的房价受到了长期因素和短期因素的综合影响，但是就目前武汉的房地产市场情况来看，武汉的房价之后也会微跌，不会一直上涨。

八、重庆

重庆的房价一直是全国人民津津乐道的话题之一。重庆作为中国四个直辖市之一，人口众多，经济也十分发达，可是重庆的房价在中国重点城市中总是排名最末，有些经济远没有重庆发达的地区，房价已经比重庆高出了一大截。

重庆房价如此亲民，怎么不会让全国人民羡慕呢？但与此同时，很多人也会经常唱高重庆的房价，认为就重庆的经济地位而言，重庆之后的房价肯定会有一个大的涨幅。可是从目前的情况来看，重庆的房价还是很稳定，2017年6月，重庆的房价才突破7000元/m^2。

重庆房价如此之低的主要原因是重庆的土地供给量很大。重庆过去10年的土地供给量每年大约都是北京、上海的三倍到六倍，这使得重庆新增房屋的供给量完全能跟上新增的购房需求，并且重庆房子的容积率普遍较高，这就使得重庆房子的供应量更多。重庆土地供应量充足并不是一两年的规划，在2002年左右就储备了40多万亩的土地，重庆市政府的计划是每年建设5%，也就是说到2022年左右，重庆土地的供给量还是很充足的。

市场上的炒房客毕竟还是少数，在重庆这种土地供给充足的城市，炒房客不仅不能把房价炒上去，可能还会面临房价一直平稳、资金被套牢的窘态。因此如果是自住，可以在重庆购房；如果有投资需求，重庆可能不是一个特别好的选择。

九、成都

成都的房价在2010年时就已经达到均价8000元/m^2，而2010年至2016年成都的房价都没怎么上涨，2017年时成都的房价每平方米突然从8000元猛涨到12000元以上，并且市中心的房子大多已经接近20000元/m^2。

成都的经济很发达，是西南地区的经济中心，2016年时，成都的GDP位于全国城市第9。但是成都的房价多年来没有上涨，2017年成都房价的上涨一定程度上是对前几年成都房价过于平稳的释放。其次，由于2016年全国大部分一二线城市已经限购，很多投资者便把目光投向了房价一直平稳的成都。

随着成都政府的调控，2017年底成都的房价已经较为稳定，但是还在缓慢上升，但2018年以后，成都的房价很可能由升转降，但跌幅不会太大。

十、昆明

昆明的房价从2011年开始就稳定在均价8000元/m²左右，六七年间基本没有涨过。但是在2017年底时，昆明的房价出现了较大幅度的上涨，均价已经逼近10000元/m²。昆明的房子为什么会突然上涨？之后还会继续上涨吗？

昆明房价突然上涨，也是受到中长期因素和短期因素的共同影响。昆明作为省会城市，并且作为云南唯一比较发达的城市，大量的外来人口会涌入昆明，并且昆明四季如春的气候也会吸引一些外地人投资，所以昆明的房地产市场潜在需求量是很大的，而昆明的房价多年不涨，其实也说明昆明房价在一定程度上是被低估的，因此昆明房价的上涨也是必然的。

但要注意的是，昆明这一轮房价上涨过后，一定程度上已经释放了很多购买需求，接下来昆明的房价肯定会有一个小幅下跌，跌幅在30%左右，因此在昆明购房，一定要选好位置，选好楼盘，选好时间。如果购房者被套在高点，很可能很长一段时间房价都不能再次上涨，并且房产还难以再次出售。

十一、西双版纳

西双版纳的房价在2017年8月之前还在均价4000元/m²左右，但2017年8月之后开始快速上涨，到2018年2月直接上涨到均价9000元/m²左右。虽然西双版纳的房价看起来不是很高，但要说涨幅肯定是最大的，几个月间房价直接翻倍。

西双版纳房价的暴涨主要有两个因素：第一，西双版纳气候较好，在三亚房价已经过高的现状下，很多北方的中老年人会选择在西双版纳买房养老；第二，西双版纳位于中泰铁路入境的节点上，是"一带一路"的重要交通枢纽。

很多人看到西双版纳房价上涨得如此之快会有些按捺不住，想去投资，但是我想说的是诸如西双版纳、大理一类的城市，还是属于旅游城市，投资价值并不是很高，并且买了之后，将来会比较难出手。虽然西双版纳是中泰铁路的交通枢纽地带，但是如果城市自身的经济没有发展起来，其交通枢纽的地位也不会得以很好地体现，既不能带动人口的流入，也不能带动实际的购房需求。因此，如果以投资为目的的话，我并不建议大家购买这类房产。